高职高专国际商务核心课程系列

国际结算

张炳达　武　薇　编著

上海财经大学出版社

图书在版编目(CIP)数据

国际结算/张炳达,武薇编著.—上海:上海财经大学出版社,2012.9
(高职高专国际商务核心课程系列)
ISBN 978-7-5642-1413-5/F・1413

Ⅰ.①国… Ⅱ.①张… ②武… Ⅲ.①国际结算-高等职业教育-教材 Ⅳ.①F830.73

中国版本图书馆CIP数据核字(2012)第162887号

□ 责任编辑 俞晓峰
□ 封面设计 钱宇辰
□ 责任校对 胡 芸

GUOJI JIESUAN
国际结算

张炳达 武 薇 编著

上海财经大学出版社出版发行
(上海市中山北一路369号 邮编200083)
网 址:http://www.sufep.com
电子邮箱:webmaster@sufep.com
全国新华书店经销
上海华业装璜印刷厂有限公司印刷装订
2012年9月第1版 2024年3月第2次印刷

700mm×960mm 1/16 11印张 203千字
印数:4 001—4 300 定价:27.00元

前　言

随着我国改革开放的不断深化和外向型经济逐步向纵深拓展，越来越多的单位、企业走向国际，融入对外经济交往活动中，这就使国际结算的业务量成倍增长。为全面提升国际结算业务的质量、效率以及规避国际结算业务中可能发生的各类风险，迫切要求从业人员与时俱进，通过学习不断提高自己的能力与水平。

国际结算作为金融专业和国际贸易专业的主干课程之一，是一门融理论与实务于一体、操作性和实践性很强的课程。对于目前在校的相关专业学生来说，对本课程知识与技能的掌握程度如何，是衡量其能否成为一名合格的外贸人才的重要标准，并将直接影响其未来的工作质量。

在教学工作中，教材是基础。通过对多年高职国际结算课程教学实践的反思，编者深感为高职高专教学度身定制一本难易程度适中、能体现高职“教、学、做”一体化教学理念的国际结算理论与实务教材是一项非常有价值的工作，也是身为教育工作者的一种责任与使命。本书倾注了编者的心血和努力，也凝聚了编者的一些思考和探索。

本书对传统的国际结算教材进行了研究、分析和改进，并对内容和格式进行了创新。本书主要具有以下特点：(1)内容新颖。本书除了介绍传统的国际结算方面的内容外，还引进了当前国际贸易的最新业务，对非贸易结算也作了必要的介绍。(2)简洁明快。书中安排了大量的专栏和样例，在确保教学主干内容简洁性的同时，也保证了教学内容具有延展性。(3)注重实用。本书注重突出实务内容，充分发挥案例分析在教材中的作用，注重引导学员分析和解决实际问题，提高学员的履职能力和适应职业变化的能力。

本书在编写过程中，得到了资深外贸专家应诚敏教授的指导与帮助，也参考了国内外专家学者的研究成果及文献资料，在此表示衷心感谢。

限于编者的学识和水平，编写过程中难免会有差错，书中若有不当之处，敬请专家和读者不吝赐教。

另外，为了方便教师的教学，出版社备有教师教学用的课件，如有需要，请致电或通过电子邮件联系。

联系人：李成军

电话：021－65904706

E-mail：littlelcj2@163.com

编　者

2012年8月

目　录

第一章 国际结算概述

学习目标

- 掌握国际结算的概念、分类和方式；
- 理解国际惯例的含义；
- 了解国际结算形成和发展的历史进程以及发展趋势。

工商银行国际结算业务量快速增长

2010年以来，我国外贸进出口快速恢复，给商业银行的国际结算业务带来了一次新的机遇。中国工商银行充分发挥海外机构与境内机构内外联动的优势，根据客户需求不断创新产品，国际结算业务取得了新的突破。据统计，2010年工行办理的国际结算业务量首次超过了1万亿美元，达到10 649亿美元，比上年增长了44%，不仅继续在国内处于行业的前列，更已跻身全球领先的国际结算银行之列。2011年一季度，工行的国际结算业务继续快速增长，国际结算量超过3 000亿美元，较上年同期增长约40%。

工商银行相关负责人告诉记者，该行国际结算业务的优异表现首先归功于中国外贸的强劲增长，同时也与该行近年来一直致力于以新兴市场国家为重点推动国际化经营有着密不可分的关系。从2010年我国外贸进出口的特点来看，新兴市场国家与我国的双边经贸合作发展明显快于发达国家，其中东盟、巴西、俄罗斯、南非、印度等国家和地区尤为迅猛。对于工商银行来说，其以新兴市场为重点的国际化战略布局恰恰与这种外贸发展的新格局相契合，为国际结算业务的跨越式发展创造了良好的服务基础。

资料来源：《金融时报》，2011年5月4日。

阅读上面的新闻，结合本章内容思考以下问题：

银行在国际结算中扮演了什么角色？工商银行国际结算业务量的增长说明了什么问题？

第一节 国际结算的基本问题

一、国际结算的概念

国际结算是指国际间由于政治、经济、文化、外交、军事等方面的交往或联系而发生的以货币表示债权债务的清偿行为或资金转移行为。比如，两国之间发生进出口贸易，卖方需要把货物交给买方，买方需要向卖方支付货款，这就涉及国际结算。国际结算的产生，是由于债权债务的发生不再局限于一国范围之内，而是涉及两个国家或地区以上的个人、企业、银行等主体。由于不同国家或地区之间，政治、经济制度以及文化背景存在差异，信息沟通往往不如在一国范围之内便捷和透明，国际之间的结算面临着比国内结算更复杂的问题和更大的风险，在人们的实践当中逐渐形成了一些方法、规范和制度，用于保证国际结算的顺利完成，从而确保国际间债权债务的顺利清偿以及交往活动的正常进行。

国际结算是一项国际间的综合经济活动，它包括很多方面，如支付工具和结算方式的选择、商业单据的处理和转递、货款价款的索取与偿付、国际间资金单方面转移、贸易融资、信用担保、国际清算系统、国际银行间的资金划拨，等等。国际结算实质上是一种货币的跨国收付，是一种相当重要的跨国经济行为，是国际间各项活动与交往正常进行的保障。

二、国际结算的分类

通常我们按照引起国际结算发生的经济活动的类型，将国际结算分为国际贸易结算和非贸易国际结算两大类。前者是基于国际间有形商品的贸易而发生的国际结算，而后者是基于国际间无形商品的贸易以及单方面转移支出等经济活动发生的国际结算。

（一）国际贸易结算

国际贸易结算是国际结算的基础，它伴随国际间有形贸易的产生而产生。具体可分为以下几种形式：

1. 有形贸易结算

这是指由于国际间有形贸易的发生而引起的国际结算。有形贸易即货物贸易，是国际贸易的最早形式，至今也在国际贸易活动中占有相当大的比重。有形贸易涉及国际间货物的进出口，伴随着卖方交货、买方付款的债权债务关系，相应地需要以国际结算手段来处理。在长期的历史发展中，银行成为国际结算中不可缺少的中介，各种单据、票据参与到结算过程中，各种技术、手段用于防范进出口贸易中可能出现的风险，促进国际结算以及进出口贸易的完成。

2. 协定贸易结算

这是指在两国签订的贸易协定项下的商品进出口贸易结算。它虽然不涉及现汇的收付，但需要通过银行办理记账结算。

3. 跨国公司内部的贸易结算

随着跨国公司的发展和壮大，在世界范围内的进出口贸易中，有相当数量属于跨国公司的内部转移。这种贸易的进出口双方属于一个跨国公司的范围之内，但地理上却要涉及两个以上的国家或地区，同样属于国际贸易的范畴。这种贸易形式也必然带来国际结算行为的发生。

（二）非贸易国际结算

非贸易国际结算的主体是服务贸易。国际服务贸易在产生历史上晚于国际货物贸易，是近代以来特别是自第二次世界大战、新科技革命以来，世界范围内第三产业蓬勃发展的产物，目前发展的势头非常迅猛。根据世界贸易组织的统计，2010 年世界服务贸易总值已达到 71 666 亿美元。非贸易国际结算的范围包括贸易交往中的各项从属费用，如运输、保险、银行手续费等，以及其他与贸易无关的属于劳务性质的非实物收支，如出国旅游费用、侨民汇款、外币收兑、国外投资和贷款的利润、利息收益、驻外使领馆和其他机构及企业的经费、专利权收入、馈赠等。

我国银行国际非贸易结算业务发展显著

如今，我国银行国际业务中的非贸易结算比例不断加大，特别在一些经济发达地区，非贸易结算业务发展成效显著。如在浙江省义乌市，2004 年仅农业银行办理的非贸易结算量就达到 1.72 亿美元，增幅达 132%，超过贸易结算量，成为该行国际业务的主要增长点。2005 年一季度该行非贸易结算达 5 800 万美元，同比增长 4 705 万美元，增幅为 429%。与该行进行非贸易结算的客户在 2004 年就达到 300 个，在这些客户中，不但有国内的企业和个人，更有来自中东、欧美、日、韩等国家和地区以及我国台湾、香港地区的客商。

三、国际结算方式

国内经济活动的结算，可以是以现金进行结算，也可以通过银行转账进行结算。但在国际间的经济活动往来中，双方的距离通常相隔千山万水，涉及的资金也往往较大，加上不同国家和地区之间货币、币制的不统一，全部采用现金结算是不现实的。因此，国际结算通常都需要以银行为中介，进行资金的转账划拨来实现收付。而由于买卖双方相隔较远、相互了解不深，卖方常常存在交了货但收不回货款的顾虑，所以有可能要求银行代为交单，通过银行进行托收、担保、承兑等，利用银行的信用降低交易风险。国际货物贸易发展至今，形成了汇款、托收、信用证三种国际结算的基本方式。每次交易具体选择哪种交易方式，由进出口双方视交易情形、市场销售情形、对方资信情况等因素自行商定，采用其中的一种或几种。国际非贸易结算方式则包括外币兑换、信用卡、旅行支票、旅行信用证、买汇、存款等业务。

四、有关国际结算的国际惯例

国际惯例是指在世界范围内被人们反复运用与普遍承认的习惯做法和特定方式。在国际经济贸易的发展过程中，逐渐形成了一些国际结算的惯例。目前在国际结算中经常涉及的国际惯例主要有《跟单信用证统一惯例》(UCP600)、《托收统一规则》(URC522)、《审核跟单信用证项下单据的国际标准银行实务》(ISBP)、《见索即付保函统一规则》(URDG458)、《国际备用证惯例》(ISP98)、《国际保付代理惯例》(CIFC1994)，等等。

《跟单信用证统一惯例》简介

《跟单信用证统一惯例》作为国际商会出台的惯例，针对信用证结算，是国际结算中运用最频繁、最广泛的惯例之一，有效地促进了国际信用证结算业务的发展。《跟单信用证统一惯例》的最新版本是国际商会于 2006 年 10 月通过，并于 2007 年 7 月 1 日起实施的 UCP600。UPC600 相对于 UPC500，在结构、内容和条款上都作了修正和改进，如将 UCP500 的 49 个条款修订为 39 条；集中归纳了本惯例用到的 14 个主要概念和 12 个重要词语的特定解释；新增并修改了一些概念的定义等。UCP600 比之 UCP500 更加坚定了信用证的独立性和不可撤销性，明确了当事人之间的关系及其各自的权利和义务，强化了开证行的责任，维护了受益人的权益，令信用证操作更加规范化。

国际惯例的内容往往针对一个具体的业务范围，其规定具有很强的操作性。这些国际组织编纂的成文惯例是受各国法律和司法实践认可的，如果交易双方在合同或有关文件中表示遵守某一已被业界广泛认同的惯例，该惯例就对双方具有法律约束力。就算交易双方没有明示遵循某一惯例，但也没有在合同中作出与惯例相反的约定，则认为双方仍然接受这种惯例，该惯例对双方仍具有法律约束力。

惯例使得国际结算的一些流程、操作被规范化，便于国际结算当事人进行沟通，简化谈判程序，节约时间和费用，避免国际结算的某些环节因不同国家和地区的法律解释不同而受到干扰。

第二节　国际结算的发展历程

国际结算是随着国际贸易的产生而产生，随着国际贸易的发展而不断发展完善。国际结算技术的更新、手段的多样化、质量的提高，也促进了国际贸易的扩大。最早的国际结算采用现金结算，以输送金银的方式清偿国与国之间的债务，多有不便，不利于国际贸易的开展。随着生产的发展和国际贸易日益扩大，国际结算逐步从现金结算过渡到非现金结算，也就是票据结算。第二次世界大战之后，随着电子计算机技术的发展、银行技术水平的提高，国际结算取得了更高的速度和质量。

一、传统国际结算

从总体上讲，传统国际结算是指19世纪以前的国际结算。在国际结算产生初期及此后相当长的时期里，国际结算都是以传统的方式在进行，贸易商人之间直接以现金支付进行结算，这种结算方式的特点是：现金结算、直接结算、凭货付款。买卖双方一手交钱、一手交货，银货当面两讫。传统的国际结算方式，虽然直接、简单，也能避免卖方交出货收不到货款或买方交了钱拿不到货的风险，但伴随着大量的现金甚至成块的金银的携带交接，非常不便和不安全，在国际贸易不断扩大发展的过程中，这种结算方式越来越显示出它的局限性。随着票据结算的出现和进步，传统的国际结算方式逐渐被淘汰。

二、国际结算的发展

随着国际贸易的发展和现代商业银行的产生，传统的国际结算不断发生着变化，并逐步向现代国际结算转变。到19世纪末，现代国际结算基本形成。现代国际结算区别于传统国际结算之处首先是结算方式从现金结算转变为非现金结算，在非现金结算方式中，票据逐渐取代现金成为最主要的结算工具，凭货付款演变为凭单付款，银行作为中介参与到结算过程中，使得国际结算向着单据化、标准化、规范化方向发展。

1. 票据制度的发展和完善

票据制度发展和完善的历史分为三个阶段。

第一个阶段是票据的雏形阶段，它产生于公元11世纪的地中海沿岸，那时随着贸易的繁荣，贸易商开始使用字据来代替现金，后来又产生了兑换证书。兑换证书是由专门的兑换商签发的，为替代现金的运送，兑换商在本地收取现金，再向异地的兑换商发出兑换证书，异地的兑换商就进行支付。这种兑换证书就是早期的票据，在它的参与下，位于异地的交易双方不必将现金带来带去就可以完成货款的支付，减少了运输现金的费用，避免了运送现金的结算风险。

第二个阶段是可交易的票据。随着票据应用的增多，票据开始了最初的交易。交易商可用由兑换商发出的、以市场交易日为到期日的票据代替现金进行支付。这一时段的票据可以代替现金进行货款的偿还、债务的清偿，只是双方只接受到期票据，并且票据到期日必须是市场交易日，这是由当时历史条件的局限性决定的。

第三个阶段是票据实现了可流通性。随着欧洲的票据使用已相当普遍，票据制度也渐趋完善，特别是最初背书制度的出现，使票据能够以简便的方式实现转让，票据便从先前的证据性证券演变成流动性证券。到了18世纪以后，票据就开始成为现代意义上的票据，开始标准和规范化，并具有较高的流通性，代表一定的票据权利，在广泛的层面上替代了现金的转手。

2. 凭单付款

随着国际贸易的迅速发展，国际贸易的分工开始出现。商人们已不再像以往亲自驾船出海，而是委托船公司（承运人）从事货物的运输，船东们为了减少海运风险，又向保险商投保，这样，商业、航运业、保险业就分化成为三个独立的行业，并出现了提单、保险单等单据。这些单据既是收据，又是权利凭证，代表了一定的货物或财产，可以转让他人，于是，单据成了买卖和抵押的对象。此后，单据的制作越来越规范和统一。到了18世纪，单据证券化的概念被普遍接受。19世纪末20世纪初，凭单付款的结算方式已相当完善。

3. 银行作为中介参与国际结算

早期的国际结算是在买卖双方之间一手交钱、一手交货地直接进行。但由于在国际贸易中，交易双方通常距离较远，直接交易越来越显示出不方便，而且作为从事贸易活动的商人，在鉴别货币、单据等的真伪方面并不具有优势，客观上要求有专门从事结算业务的银行出面，成为双方交易结算的中介，以专业化的服务和良好的信用，节省成本、提高效率。现代银行担任国际结算中介具有诸多优势。首先，银行资金雄厚，信用卓著，比一般的工商企业稳定和安全，值得信任。在贸易双方互不了解、互不信任的情况下，银行通过借出自己的信用，令国际贸易能够顺利完成。其次，银行是专业从事货币信贷等金融业务的机构，银行之间有着一套完善的用以识别真伪的印鉴、密押系统。通过这套保障系统，很容易辨别银行间往来凭证、函件的真假，银行和客户的利益都有了保障。实力较大的银行通常还拥有众多的海外分支机构，或与海外的商业银行之间有着密切的代理或账户关系，建有迅捷高效的资金转移网络。由银行作为中介处理货币、票据的收付，使得原本存在于两个国家或地区、相隔遥远的交易双方之间的货币收付转化为银行内部或账户行之间的资金划拨或账务转换，无需发生实际的货币运行，资金的转移效率大大提高，成本和耗时也大幅减少。因此，自从银行作为中介参与到国际结算的过程当中，国际结算的面貌发生了根本性的改变，从最初从属于国际贸易活动的交易商之间的简单交付，发展成为一种有着自身的规范和标准、有着专业技术手段和要求的综合经济行为。

三、当代国际结算的特点与趋势

1. 基于新技术，向电子化、数据化、无纸化方向发展

新科技革命给世界政治、经济各个方面都带来了深刻的变革，这其中最突出的是电子计算机技术的应用。电子计算机反应快捷、计算准确，并且可以实现全球联网，极大地提高了工作效率和信息的共享性，使得国际贸易和国际结算很多环节的成本降低、手续简化、效率提高。电子数据交换(EDI)最终将取代传统的纸质单据，成为国际结算的主要形式。

电子数据交换是将标准化后的贸易单证和文件，利用电子数据通讯技术进行处理和传递，代替传统的纸面文书的缮制、审核、传送、再审核、处理等一系列费时费力的过程。EDI 技术简化了贸易和结算的中间环节，降低了成本，同时准确性较手工、人工的作业有了大幅提高，不会在重复的内容和环节上出错，创造了巨大的经济效益。

在国际结算电子化方面最成功、影响最大的组织当首推环球银行金融电讯协会(Society for Worldwide Interbank Financial Telecommunication，SWIFT)，简称环银电协。SWIFT 是一个国际银行间的非营利性合作组织，实质上是世界各国银行间的高速电讯网络。SWIFT 不以营利为目的，主要是向会员银行提供专门的通信服务。它每周 7 天、每天 24 小时连续运行，具有自动储存信息、自动加押或核押、以密码处理电文、自动将文件分类等多种功能。它对收发电讯规定了一整套标准化统一格式，使用统一的货币符号。虽然 SWIFT 本身只是通信网络，不包括结算和清算，但很多银行将本行计算机与 SWIFT 联机，这样很多业务都可由 SWIFT 和计算机自动处理了。除了 SWIFT 以外，被广泛使用的全球性账务清算和资金转移网络还有交换银行互相收付系统(CHIPS)和交换银行自动收付系统(CHAPS)等，它们都是基于电子计算机技术搭建在世界各银行之间的高效网络。

BORELO:国际结算电子化的新动向

经过五年多的筹备,一个以互联网为基础,支持国际贸易流程参与各方传输、交换电子单据与数据的网络已经建立并开始运作。它名为BORELO,由当时的欧共体发起,英国联运保赔协会(TTCLUB)与SWIFT合资成立。它的运作以互联网为基础,以一核心信息平台为主架构,是一个开放、中立、高度安全、合法的电子网络,致力于消除纸上贸易。国际贸易中的进出口商、银行、保险公司、运输行、承运人、港务机构、海关、检验机构等,都是它的用户。BORELO的使用者签署协议成为成员后,通过互联网交换单据、核查数据,完成贸易过程,还可以在线转让货物所有权,可以说,这是一场贸易电子化的革命。一方面,它大大缩短了贸易结算流程时间;另一方面,由于电子单据具备统一的格式与标准,银行的单据审核与制作大为简化,操作差错减少了。BOLERO还为国际贸易的各参与方提供了一个全球范围内在线连接、高度安全的以电子形式存储、传递贸易单据的途径,提高了国际贸易的安全性,降低了欺诈风险,企业的成本和费用也降低了。

中国国际电子商务网在2005年也推出了BOLERO电子信用证通知系统,为我国出口商从金融机构接收信用证通知提供更快速、有效的方式。

2. 国际结算与贸易融资相结合

在国际贸易过程中,卖方总是希望尽快收回货款和融通周转资金,而买方则希望迟付货款和从银行得到融资。有了银行作为国际结算中介之后,由于银行具有资金和信用上的优势,因而能够满足进出口商的融资需求,随着世界经济的快速发展和资金流动性、重要性的提高,贸易融资常常结合在国际结算的过程中进行。国际贸易融资已经成为国际商业银行的一项重要业务。由于具有多方面的积极作用,目前国际商业银行多把贸易融资纳入重点经营的范围,有些银行的贸易融资甚至占到其营业额的一半以上。随着科学技术的进步和银行业务的电算化,贸易融资变得更加快捷,业务中的资金占用得到最大限度的减少,资金的使用效益大幅提高。银行还通过授信额度协议和多样化的融资手段,让那些资信较好的客户可以更便利地取得融资,提高融资效率,吸引更多优质客户。

3. 非信用证结算方式比例提高

经过长期的历史发展和实践,国际结算形成了多种手段和程序。其中,信用证结算方式以其规范性和对风险的有效控制,成为全世界广泛使用的国际结算方式。但随着世界经济发展步伐的加速,信用证结算方式在使用中也逐渐表现出手续复杂、速度慢、费用高的缺点。

信用证结算的几个缺点

(1)费用和成本高。在申请开立信用证时,进口商往往需要向开证银行缴纳开证押金,这是一笔不小的金额,一般占到信用证金额的20%～80%,致使进口方的资金被长期占用,增加成本。另外,进口方还要支付开证申请费和电报费等。而出口企业一般须支付通知费和议付费等开证行以外的银行费用,也会增加企业的成本。

(2)操作复杂。信用证与其他结算方式相比,要经过开证、审证和改证等繁琐的程序,还有复杂的制单手续,特别是银行要求出口商出具单证一致、单单一致的单据,细微的不符点就可能导致出口商的损失,从而使信用证成为操作最复杂的支付方式。

(3)不能完全杜绝风险。信用证结算虽然是一种经过了严格设计和长期实践考验的结算方式,对保护出口商收款安全有着重要的作用,但并不能完全杜绝国际贸易中的风险。针对出口商的信用证欺诈案件层出不穷,而对于进口商而言,信用证更不能保证其必然收到符合合同的货物。

信用证在国际结算中的运用呈下降趋势,主要原因是国际贸易信用体系的完善。更加完善的信用体系使得国际贸易不必每一笔都采用信用证交易来保障安全。在熟悉的客户之间,频繁的、小额的国际贸易,双方都更加乐于使用如电汇、赊销等非信用证结算方式。长期以来,在一些发达国家之间,非信用证的结算方式占到了大部分,欧盟成员国之间的非信用证结算比例高达80%,其中大部分是赊账(O/A)方式。这显示出在当今世界上,在一定条件下,企业之间的商业信用重新取代了银行信用在国际结算中的地位,手续简单、成本较低的赊账、付款交单托收(D/P)、承兑交单托收(D/A)等支付方式将成为国际结算发展的新趋势。

跨境贸易人民币结算

长期以来,我国外贸企业从事业务时,一般都使用美元、欧元、日元等外币进行结算,这对于外贸企业来说难免要承担一定的汇率风险。但现在,人民币作为国际贸易结算货币不再是想象,而是已经成为了现实。2009年7月6日上午,我国首笔跨境贸易人民币结算业务项下款项从中国银行(香港)汇至中国银行上海市分行,这标志着人民币在国际贸易结算中的地位已经从计价货币提升至结算货币。以人民币报关并以人民币结算的进出口贸易结算,被称为跨境贸易人民币结算,可以包括进出口信用证、托收、汇款(包括预收预付款和货到付款)等多种结算方式。

依法注册成立并获得进出口资格的企业，经试点地区政府推荐及中国人民银行等相关部委确认后，可以参与跨境贸易人民币结算试点。跨境贸易人民币结算目前已覆盖东盟十国(印度尼西亚、马来西亚、菲律宾、新加坡、泰国、文莱、越南、缅甸、老挝、柬埔寨)及中国香港、澳门地区等。

跨境贸易人民币结算的发展对于推动我国对外贸易发展具有十分重要的意义：一是有助于企业规避汇率风险；二是有助于促进国际贸易增长；三是有助于银行开拓贸易金融业务。通过开展跨境贸易人民币结算业务，银行可以拓展其人民币业务范围，促进金融产品和服务的创新，拓展更广阔的市场发展空间。

本章小结

1. 国际结算是指国际间由于政治、经济、文化、外交、军事等方面的交往或联系而发生的以货币表示债权债务的清偿行为或资金转移行为，是一项国际间的综合经济活动。

2. 国际结算分为国际贸易结算和非贸易国际结算两大类。国际贸易结算是国际结算的基础。

3. 国际货物贸易发展至今，形成了汇款、托收、信用证和保函四种国际结算的基本方式。

4. 国际结算经历了从现金结算过渡到非现金结算的发展过程，目前电子数据交换已成为国际结算的主要形式。

思考与练习

简答题

1. 何谓国际结算？
2. 当代国际结算有哪些特点？

第二章　国际结算中的票据

学习目标

- 掌握票据的定义；
- 理解汇票、本票和支票的含义；
- 掌握三种票据当事人的权利和义务，熟练掌握各种票据行为。

一起汇票拒付案

A纺织有限责任公司与B服装有限责任公司签订了一份合同。A公司出售给B公司40万元的布料，B公司向A公司出具了一张以工商银行某分行为承兑人的银行承兑汇票，该汇票记载事项完全符合票据法的要求。A公司将汇票贴现给建设银行某分行。

之后建设银行某分行向承兑行工商银行某分行提示付款时，遭到拒付。理由是：B公司来函告知，因布料存在瑕疵，该汇票不能解付，请协助退回汇票。

建设银行某分行认为，该行是因为汇票贴现而成为该汇票的善意持有人，购销合同纠纷不影响自己的票据权利。于是起诉至法院，向A公司追索权利。

阅读以上材料，结合本章内容思考以下问题：

案例中的承兑行拒付有无道理？银行经营票据业务应当注意哪些问题？

第一节　票据概述

一、票据的定义

所谓票据(bills),是指出票人委托他人或承诺自己在特定时期向指定人或持票人无条件支付一定款项的书面凭证,它是以支付金钱为目的的特定证券。在当今的国际结算中,非现金结算早已取代现金结算,而非现金结算的进行往往要依靠票据,票据已成为国际结算中普遍使用的重要信用工具。在我国,票据主要有汇票、本票和支票三种。《中华人民共和国票据法》中明确规定:“本法所称票据,是指汇票、本票和支票。”

从我国历史看,早在唐、宋时期就有了票据的雏型。唐代的“飞钱”类似今天的汇票,“贴”类似现在的银行支票。宋代的“便钱”近似今日的即期汇票,“交子”很像现在的本票。西方国家的票据起源于12世纪;到15世纪,西欧各国的商品买卖就多以市场票据授受;16世纪,法国开始有了背书制度;17世纪,一些国家开始进入票据成文法时期;18世纪,英国已开始使用支票;进入19世纪,西方主要国家的票据制度逐步健全。

票号简介

票号是清代出现的一种金融机构,而开办最早的票号是“日升昌”。中国第一家票号——“日升昌”,坐落于“大清金融第一街”平遥古城西大街的繁华地段。从清道光初年成立票号到歇业,历经一百多年,曾经“执中国金融之牛耳”,分号遍布全国35个大中城市,业务远至欧美、东南亚等国,以“汇通天下”而著名。

1824年,“日升昌”在太原设立分号。省城分号的业务,主要是“票”,相当于现在的汇票。“票”的制作和书写,其保密性有着极为严格的要求,绝不允许有任何的差错。“日升昌”太原票号的汇票,采用了水印法进行印刷,并在关键部位加盖戳印。汇票的印数及领用均有严格控制。据介绍,当晋商前往江南、西北、东北及边境地区进行交易时,汇票由“日升昌”太原票庄的专职人员用毛笔书写汇票内容,其笔迹同时通报“日升昌”遍布全国的51家大小票号。汇票书写时采用以汉字代表数字的密码法,并且定期改换,以防泄密,在“日升昌”太原票号的经营史上,还从未发生过款项被人冒领之事。这充分体现了“日升昌”票号经营者的聪明才智。

二、票据的性质和功能

（一）票据的性质

票据作为一种有价证券和非现金结算工具，是与票据所具有的性质分不开的。票据的性质主要有设权性、要式性、无因性和流通性。

1. 设权性

设权性是指票据设定了一定的权利和义务，这种权利和义务关系称为票据权利义务关系。票据权利义务关系在票据被作成之前并不存在，而是在票据作成的同时产生的。票据权利义务关系受到法律的保障和约束。

证权证券与设权证券

根据证券上权利的发生与证券的关系不同，证券可以分为证权证券和设权证券两种。股票、债券、提单等属于证权证券，其上的权利在证券作成之前已经存在了，作成证券就证明了这种权利的存在；当证券灭失、毁损而无法提示时，只要通过其他途径证明这种权利的存在，则该权利仍可行使。而票据则不是这样，它上面的权利在票据作成之前并不存在，而是在作成票据之时创设的，当票据灭失或毁损无法提示时，该权利也随之无法行使。票据是一种典型的设权证券。

票据上的权利既不同于提单所代表的财产权，也不同于股票所代表的股东权利，而是一种债权。债权是一种典型的相对权，只在债权人与债务人之间发生效力。在票据上，债权表现为票据权利人（即收款人或持票人）对票据义务人（即付款人、背书人、承兑人及其保证人）可行使一定金额的付款请求权和追索权。

2. 要式性

要式性是指票据必须具备一定的形式和内容。票据需要遵照一定的格式，必须记载的事项必须齐全，符合票据法律规定，这样的票据才被法律所承认。各国法律对票据必须具备的形式条件和内容都作了详细规定，各当事人必须严格遵守这些规定，不能随意更改。如果票据的形式不一，重要事项记载不全或不清，没有按照法律的严格规定来记载，那么票据就是不合格的和无效的。要式性还包括票据在使用时，票据行为的发生也必须是“要式”的，需要遵守一定的程序，满足一定的条件。

3. 无因性

无因性是指票据一旦作成，票据本身的权利义务关系就独立出来，与票据的基础关系相分离。票据的基础关系包括出票人与付款人之间的资金关系和出票人与收款人、背书人与被背书人之间的对价关系。但只要合法的票据作成，票据的权利义务关系成立，不管基础关系是否有效、是否存在，都不影响票据的效力，持票人行使票据权利无需证明票据的基础关系是什么样的。

例如，A公司为了偿还B公司的货款，签发了一张以A公司的开户行为付款人的支票，收款人是B公司。B公司拿到支票之后，到银行请求付款。银行作出是否转账的决定，只需要审查票据本身是否合法，而不需要知道A公司是为了什么签出这张支票。

4. 流通性

流通性是指票据可以流通转让。票据的转让仅凭交付或背书后交付就可以完成，转让不需要通知债务人。票据被转让后，当票据的持有人向票据债务人要求履行票据责任时，票据债务人不能因为不知晓转让就拒不履行。票据转让的原则就是使票据受让人能得到十足的或完全的票据文义所载明的权利，因此，善意的、支付对价的受让人的权利不受前手票据权利缺陷的影响。即，对于这样的受让人而言，即使转让人是非法取得的票据，但由于该受让人完全不知情，并且为票据支付了对价，该受让人仍然享有全部的票据权利。可见，票据的转让比一般的债权转让更加便捷、有效，票据具有高度的流通性。

票据的这些性质从不同角度保障了票据交易的安全，促进了票据的流通，因此使票据成为广泛使用的结算工具。

(二)票据的功能

1. 汇兑功能

汇兑功能是票据的原始功能。最初国际之间的贸易结算也是通过现金方式进行，但随着商品交换活动的发展，商品交换规模和范围不断扩大，异地或不同国家之间的贸易增多了，现金结算就需要涉及大量的金钱，还有不同国家货币的兑换问题，变得越来越不方便。票据产生以后，通过票据的转移、汇兑就可以实现资金的转移，不仅简单、方便、迅速，而且又很安全。在票据产生的最初几个世纪里，票据几乎成了转移资金的专门工具。在现代经济中，票据的汇兑功能仍具有很重要的作用。

2. 支付功能

票据的流通性好，又代表着一定的货币值，是良好的支付工具。以票据为支付手段，买卖双方之间的支付只需银行转账即可完成，快速、便捷，并且由于避免了现金携带和操作而提高了安全性。由于票据可以进行背书转让，一张票据可以经过多次转手，在票据到期时，只需要最后持票人和付款人之间进行清算，就可以将一系列的债权、债务同时结清。所以，票据具有良好的支付功能，在许多方面比使用现金支付更具有优势。

3. 信用功能

票据是建立在信用基础上的。在现代商品交易活动中，买卖双方经常需要凭借信用达成交易，票据的出现使这种信用关系得以体现。由于票据具有无因性的性质，又可以方便地流通转让，票据上所体现的债权债务关系稳定而单纯，成为一种良好的信用保障凭证。票据使得债权表现形式明确、保障性强、清偿时间确定、转让手续简便，还可以通过贴现提前转化为现金，克服了金钱支付上的时间间隔，保证了信用交易的进行。

第二节　票据法

一、票据法的含义

票据法是规定票据种类、票据形式内容、票据行为以及票据当事人权利义务关系的法律规范的总称。票据法有广义和狭义之分。广义票据法，又称为实质意义上的票据法，包括以各种不同法律规范所表现出来的有关票据的规定，既包括专门的票据法，也包括民法、刑法、诉讼法和破产法等法律规范中有关票据的规定。如刑法中关于伪造有关有价证券罪的规定；民法中关于民事代理、票据资金、票据原因等的规定；破产法中关于票据出票人、背书人受破产宣告的规定等。狭义的票据法，又称形式意义上的票据法，指的是关于票据的专门立法。票据是一种具有自身特点的有价证券，其法律关系有一定的特殊性，必须用专门立法加以规定。在通常情况下，票据法是指狭义票据法。

票据法具有强制性。由于票据具有要式性，票据的形式、内容、票据行为都必须严格遵照票据法的规定，而不能作违反票据法的约定，否则，开出的票据就是无效的票据。票据法的调整对象是因票据而发生的各种社会关系，即票据关系。票据行为受行为地所在国的票据法调整。

票据关系中的主要当事人有以下几种：

- 出票人，是指作成票据、在票据上签名并发出票据的人。票据关系因出票人的出票而产生。
- 收款人，是指票据上指定收取票款的人。
- 持票人，是指持有票据并享受票据权利的人。持票人可以通过转让票据来转让票据权利。票据可以经过多次背书转让，因此，同一票据先后可能有多个持票人。其中背书人或转让人为前手持票人，被背书人或受让人为后手持票人。
- 付款人，是指票据上载明的承担付款责任的人。

- 承兑人。远期汇票的付款人在对汇票进行承兑后，即为承兑人。
- 保证人，是指为出票人、背书人等特定债务人向票据债权人担保支付全部或部分票据金额的人。

其中，出票人、收款人和付款人是票据的基本当事人。票据的当事人可能是自然人，也可能是法人，其中付款人、保证人、承兑人等还常常是商业银行。

二、世界票据法的两大体系

在票据产生的初期，票据关系的调整主要是依赖于商业习惯，表现为商人法庭、市场法庭等的判例，以及若干商人团体的规约。在票据的使用过程中，人们发现有必要严格规定票据的形式、内容以及处理票据的方法，使之规范化，各地开始独立制定地方性票据法，后来有了各国的票据法。世界上很多国家颁布了票据法。如英国的汇票和本票法、支票法，美国的票据法，德国的票据法、支票法，日本的汇票和本票法、支票法，韩国的票据法、支票法，等等。

两大票据法体系

世界上有两大票据法体系。一是以英国《1882 年票据法》为代表的英美法系，主要特点是注重票据的流通作用和信用作用，强调保护正当持票人的利益，在票据形式方面较简便自由，在票据处理中，适当地保护银行利益。另一个是以《日内瓦统一法》为代表的大陆法系。《日内瓦统一法》是欧洲大陆20 多个国家协议的结果。它有两个代表文件：一个是《汇票与本票统一法公约》，另一个是《支票统一法公约》。《日内瓦统一法》强调保护善意持票人的权利，规定只要做到背书形式上的连续，即使其中有伪造背书，如持票人是善意取得票据的，则不影响其票据权利。

三、我国的票据法

我国的票据立法始于清末，但当时未能完成，直至 1929 年才由当时的政府综合历次草案加以修改，于当年 10 月 3 日颁布施行，至今仍在台湾地区实施。中华人民共和国成立后，废除了旧的票据制度，在很长一段时间内禁止企业之间发生商业信用关系，信用集中于银行，要求按银行结算凭证进行结算，票据制度很不发达，也无票据法。自改革开放以后，商业信用和票据日益受到重视，票据业务有了较大发展，为了规范票据业务，维护社会经济秩序，促进社会主义市场经济的发展，1995 年 5 月 10 日，第八届全国人民代表大会常务委员会第十三次会议通过了《中华人民共和国票据法》(下称《票据法》)，并于同日公布，于 1996 年 1 月 1 日起实施。这是新中国成立后的第一部票据法。这部票据法共七章

111 条,对汇票、本票、支票的定义、法定形式以及票据行为等第一次从法律的角度给予明确的规定。2004 年,第十届全国人民代表大会常务委员会第十一次会议对票据法进行了修订。

我国票据法的起源

中国的票据起源虽早,但票据的成文法则始于清光绪三十三年(公元1908 年)7 月间宪政编查馆聘请日本法学家志田钾太郎起草的票据法,其编定的票据法草案,称为志田案,自志田案至 1929 年 9 月 28 日国民政府颁布施行的票据法,曾经过多次修订。1929 年,国民政府中央政治会议通过立法院所订的票据立法原则 19 条,立法院商法委员会依照该立法原则,参照第二次和第四次票据法草案及工商法规委员会第二次票据草案,并参考德、日、英、美等国立法例进行修订。同年 9 月 28 日经立法院会议通过,10 月 30 日由国民政府命令公布实施,全文共 139 条。1920 年 7 月 1 日颁行票据施行法,共 20 条。该票据法及票据施行法经修订现仍在中国台湾地区实施。

我国的票据法在票据要项规定上和《日内瓦统一法》一致,在票据权利取得的规定上,则与英国票据法一致,要求支付对价;另外,还规定背书转让必须使用记名方式、只允许银行出具本票等。票据法的颁布,有利于规范票据结算秩序,保障票据活动各当事人的合法利益,增强票据的流通性和可接受性,是我国票据制度步入法制化轨道、逐步与国际票据制度接轨的重要标志。

由于国际结算过程中的票据需要涉及国境之外的使用,而目前各国的票据法并不统一,我国票据法还特别规定了有关涉外票据的法律适用问题。

第三节　汇票

一、汇票的定义和内容

我国票据法规定:汇票是出票人签发的,委托付款人在见票时或者在指定日期无条件支付确定的金额给收款人或者持票人的票据。这个定义包括两个方面的含义:一是汇票是采用书面表达的,是出票人对付款人的付款委托;二是汇票的付款命令是无条件的,如果汇票的付款命令附加了条件,则这张汇票就是无效汇票,不具有法律效力。

(一)汇票的当事人

汇票有三个基本当事人,即出票人、付款人和收款人。另外,汇票还可能有背书人、被背书人、承兑人和保证人。

- 出票人，是指写成并交付汇票的人，即汇票的债务人。
- 付款人，是指受出票人委托，让其在见票时或指定日期无条件支付款项给收款人的人。
- 收款人，是指汇票上指定收取票款的人。
- 背书人和被背书人。汇票的持票人要转让汇票时，须在票上背书后，将汇票交付给受让人，原持票人就成为背书人，而受让人成为被背书人和新的持票人。受让人还可以将汇票再背书转让给新的受让人。在发生多次背书时，汇票出票时规定的收款人为第一背书人，按照转让顺序，依次为第二背书人、第三背书人……
- 承兑人。远期汇票的付款人在汇票上签字，表示承诺到期付款的行为叫作承兑。承兑后，付款人就成为承兑人。
- 保证人，是指汇票的债权人和债务人以外，对汇票债务人的债务作签字保证的第三人。

(二)汇票的必须记载事项

汇票上有一些必须记载的事项，如果记载不全，票据就将被视为无效。根据我国票据法规定，汇票应包括"汇票"字样、无条件的支付委托、确定的金额、付款人名称、收款人名称、出票日期、出票人签章等内容。另外有一些项目虽然也较重要，但缺失不影响汇票的有效性，如出票地点、付款地点、付款日期等。我国票据法规定：汇票上未记载出票地的，则出票人的营业场所、住所或者经营居住地为出票地；汇票上未记载付款地的，付款人的营业场所、住所或者经营居住地为付款地；汇票未注明付款期限的，即为见票即付。汇票票样如图 2－1 和图 2－2 所示。

(三)汇票的种类

汇票按照出票人不同划分，可分为银行汇票和商业汇票。银行汇票的出票人为银行，付款人为另一家银行；商业汇票的出票人是企业或个人，付款人可以是银行，也可以是企业和个人。

汇票按是否附有货运单据划分，可以分为光票和跟单汇票。光票是指使用中不附带货运单据的汇票，如果汇票附有商业发票等单据但没有附运输单据，仍然是光票。跟单汇票是使用中附有货运单据等商业单据的汇票。银行汇票均为光票。

汇票按付款期限划分，可分为见票即付的即期汇票和在固定的或可以确定的未来某一日付款的远期汇票。远期汇票按承兑人划分又可分为商业承兑汇票和银行承兑汇票。企业或个人作为承兑人的，为商业承兑汇票；银行作为承兑人的，为银行承兑汇票。

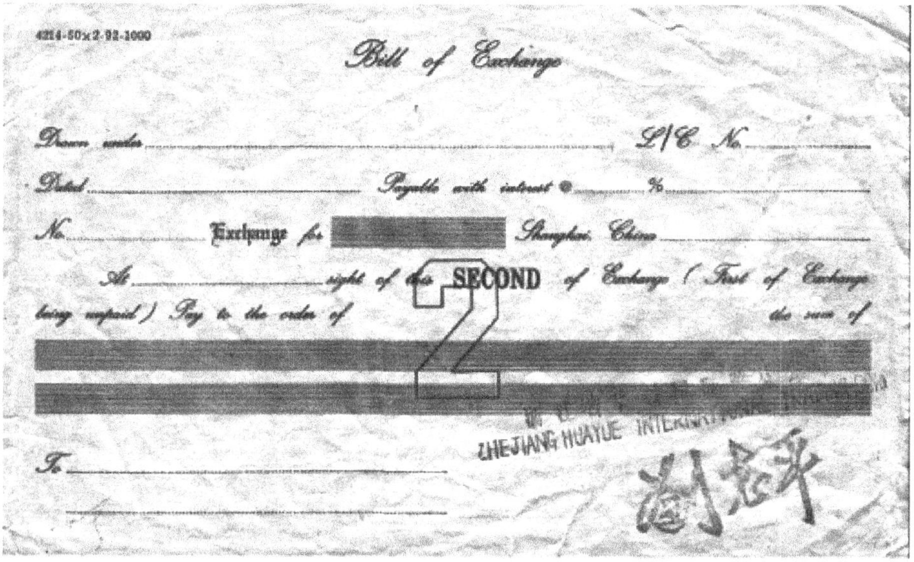
Bill of Exchange

Drawn under ______ L/C No. ______

Dated ______ Payable with interest @ ______ %

No. ______ Exchange for [redacted] Shanghai, China ______

At ______ sight of this SECOND of Exchange (First of Exchange being unpaid) Pay to the order of ______ the sum of

[redacted]

ZHEJIANG HUAYUE

To ______

图 2—1　汇票

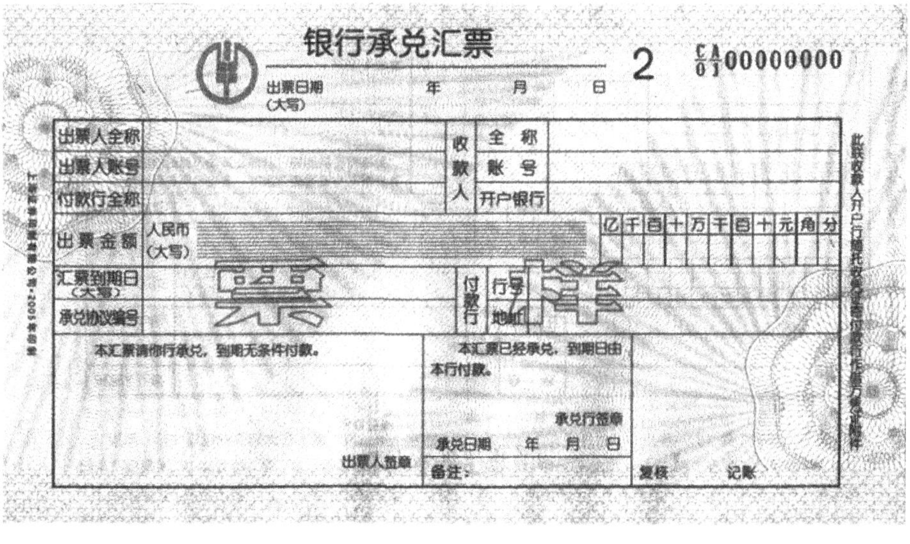
银行承兑汇票　2　CA 01 00000000

出票日期（大写）　年　月　日

出票人全称		收款人	全称	
出票人账号			账号	
付款行全称			开户银行	
出票金额	人民币（大写）			亿 千 百 十 万 千 百 十 元 角 分
汇票到期日（大写）		付款行	行号	
承兑协议编号			地址	

本汇票请你行承兑，到期无条件付款。　出票人签章

本汇票已经承兑，到期日由本行付款。　承兑行签章　承兑日期　年　月　日　备注：

复核　记账

此联收款人开户行随托收凭证寄付款行作借方凭证附件

票样

图 2—2　我国的银行承兑汇票

按票据行为地划分，可分为国内汇票和涉外汇票。票据行为均发生在同一国家内的汇票为国内汇票；发生在两个或两个以上国家的为涉外汇票。

二、汇票的票据行为

票据行为是指在票据流通过程中，确定权利与义务或行使权利或履行义务的行为。票据行为是产生票据关系的唯一基础和前提，票据权利义务关系的成立必须基于票据行为。汇票的票据行为包括出票、背书、提示、承兑、保证、付款、追索等。其中出票是创设票据的原始票据行为，其余的票据行为都只能在出票行为的基础上进行。因此出票是基本票据行为或称主票据行为，它的有效与否直接决定票据的有效性。其余票据行为称为附属票据行为。当事人实施票据行为，必须符合票据法的规定，方为有效。

票据行为是一种法律行为

学术界一般认为票据行为属于法律行为，称为“法律行为说”，这其中又分为两种观点，即“契约说”和“单独行为说”。“契约说”认为票据债务人之所以负担票据债务，是票据债务人与票据债权人之间缔结契约所致，票据就是一种契约，只有在票据债务人将票据交付债权人，而债权人又受领了该票据时，票据行为上的法律关系才发生。“单独行为说”则认为票据债务依照票据行为人的单方行为而成立，这种单方行为为票据行为人的签名或签名加交付。

（一）出票

出票即签发汇票，指出票人按规定的格式作成汇票并交付给收款人或持票人的票据行为。它包括两个动作：一是写成汇票并签字，二是将汇票交付给收款人。这两个动作缺一不可。出票后，票据关系成立，出票人是汇票的主债务人，对汇票债务负有担保承兑和担保付款责任。也就是说，如果汇票遭到退票，出票人必须偿付票款。

票据签章

票据签章是指票据当事人在票据上签名、盖章或者签名加盖章的行为。票据签章是票据行为生效的重要条件，也是票据行为表现形式中不可缺少的应载事项。如果缺少此项内容，则该项票据行为无效。单位在票据上的签章应为该单位的财务专用章或者公章加其法定代表人或其授权的经办人的签名或者盖章；个人在票据上的签章，应为该个人的签名或者盖章；支票的出票人和商业承兑汇票的承兑人在票据上的签章，应为其预留银行的签章。

（二）背书

背书是票据的持票人转让票据权利的行为。它包括两个动作：一是在汇票背面签字(背书),二是将背书后的汇票交付给被背书人。只有汇票的债权人即持票人(包括收款人和被背书人)才有权背书汇票。经过背书后,原持票人成为背书人(即转让人,又称为前手),是汇票的债务人,对被背书人(即汇票的受让人,又称为后手)负担担保承兑和担保付款责任,被背书人成为新的持票人,是该汇票的唯一债权人。

我国票据法规定背书必须连续,即转让汇票的背书人与受让汇票的被背书人在汇票上签章依次前后衔接,同时还规定后手应当对其直接前手背书的真实性负责。

背书连续的含义

我国《票据法》第 31 条规定:“以背书转让的汇票,背书应当连续。持票人以背书的连续,证明其汇票权利。”该条第 2 款规定:“前款所称背书连续,是指在票据转让中,转让汇票的背书人与受让汇票的被背书人在汇票的签章依次前后衔接。”从上述规定可以看出,票据上作第一次背书的人应当是票据上记载的收款人,自第二次背书起,每一次背书的背书人必须是上一次背书的被背书人,最后的持票人必须是最后一次背书的被背书人。

背书必须是转让全部的票据权利。将汇票金额分别转让给两人以上的背书无效,只转让一部分金额的背书也是无效的。背书可以分为记名背书和不记名背书。记名背书是指背书转让时,在汇票背面写上背书人和被背书人名称的背书。不记名背书又称空白背书,是指背书时只记载背书人的名称而不记载被背书人名称的背书。我国票据法强调在背书时必须记载被背书人名称。

背书可以加上“不得转让”(Only,Not Negotiable)字样,令被背书人只有持票取款和遭拒付时进行追索的权利,而没有转让汇票的权利。如果被背书人违反此规定又背书转让汇票,则原背书人对后手的被背书人不承担保证责任。背书加上“委托收款”(For Collection)字样,是委托被背书人以代理人的身份行使汇票权利,真正债权人仍是背书人。这种背书的被背书人不得再背书转让汇票,但还可以作委托收款背书。

背书不得附有条件。我国票据法规定,如果背书附有条件的,所附条件无效,但背书行为仍然有效。

对背书位置的规定

背书是一种重要的票据行为,但在实践中,有的背书人因背书的位置不对,导致票据被退回,影响了票据权利的实现,那么,背书应该作在什么位置才是合法有效的呢?

> 我国《票据法》第27条第4款规定，背书是指在票据的背面或者粘单上记载有关事项并签章的票据行为。从这条规定可以看出，票据背书的位置是票据的背面或者粘单。首先，背书应该记载在票据的背面而不是正面，这个规定是为了让背书和写在票据正面的出票人、承兑人、保证人等的签章相区分，不致混淆。我国票据法规定，作在票据正面的背书是无效的。其次，当票据转让次数较多，票据背面允许背书的位置已经不够再作背书时，背书人应将背书的事项记载在粘单上。粘单是指为弥补票据本身不能满足票据背书所需而粘附于票据上的纸张。记载在粘单上的背书在法律效力上与在票据背面作背书是相同的，但使用粘单必须符合以下两个条件：一是票据本身允许背书的位置没有再行背书的余地；二是粘单的第一运用人应在作成背书前，将粘单正确粘接于票据贴粘单处，并在粘接处签章，以明确粘单的第一运用人，证明粘单的效力。

（三）提示

提示是持票人将汇票提交付款人要求付款或承兑的行为。提示是持票人要求获得票据权利的一种行为。提示分为付款提示和承兑提示。即期汇票或已到期的远期汇票，持票人向付款人或承兑人作付款提示；未到期的远期汇票，持票人向付款人作承兑提示。

提示必须在规定的时间和地点进行才有效。我国票据法规定见票即付的汇票自出票日起1个月内向付款人作付款提示；定日付款、出票后定期付款的汇票应当在汇票到期日前向付款人提示承兑；见票后定期付款的汇票持票人应当自出票日起1个月内向付款人作承兑提示，并于到期日起10日内向承兑人作付款提示。对于持票人未按照规定的期限提示的，我国票据法允许在持票人作出说明后，承兑人或付款人继续对持票人承担付款责任，但持票人丧失对前手的追索权。提示应在汇票载明的付款地点进行，否则应向付款人营业所（付款人没有营业所的到其住所）提示。大多数国家，包括我国都允许通过委托收款行或通过票据交换系统进行提示。

（四）承兑

承兑是指汇票上指明的付款人承诺兑付票面金额文字的票据行为。它包括两个动作：一是付款人在汇票正面记载“承兑”字样，加注日期并签署；二是付款人把签过的汇票交还持票人或另行出具承兑通知书交给持票人。

承兑是付款人的单方法律行为，付款人作出承兑意思表示，就须依照承兑内容承担付款义务。付款人承兑汇票后，即成为票据的主债务人，负有于到期日绝对付款的责任。

承兑是远期汇票特有的行为，即期汇票、本票和支票都不需要承兑。经过承兑的汇票，由于有了付款人的确认，汇票的信用得以增加，更容易流通转让。但不是所有的汇票都需要承兑。根据汇票记载付款日期的形式及出票人对承兑所加的限制，可以把汇票分为可以提示承兑、必须提示承兑、无需提示承兑和禁止提示承兑四种情况。

1. 可以提示承兑的汇票

定日付款和出票后定期付款的汇票属于可以提示承兑，也可以不提示承兑的汇票。因为这类汇票在出票时已经确定了付款日期，承兑与否并不影响持票人在到期日行使其票据权利。但对于这类汇票，持票人通常愿意在到期日前提示承兑，以便及早确定汇票是否可以得到付款和是否需要行使追索权。

2. 必须提示承兑的汇票

这类汇票包括见票后定期付款的汇票和加记"必须提示承兑"记载的汇票。这类汇票必须经过承兑，才能实现汇票权利。见票后定期付款的汇票需要在提示承兑后才能确定汇票到期日和付款日期，而加记"必须提示承兑"的汇票需要在付款人承兑后才有效。

3. 无需提示承兑的汇票

见票即付的汇票无需提示承兑，因为这类汇票在向付款人提示时，付款人就需要作出付款或拒绝付款的决定，不需要经过承兑环节。另外，需要提示承兑的汇票在持票人尚未提示承兑前发生付款人死亡、逃匿、破产或被依法终止业务活动的，持票人也无需提示承兑而可直接行使追索权。

4. 禁止提示承兑的汇票

有的汇票在出票时就被加上"禁止承兑"的字样，这样的汇票不能提示承兑。

我国票据法规定承兑不得附有条件，承兑附有条件的，视为拒绝承兑。但国外一些票据法规定，对于附有条件的承兑，持票人可以接受，也有权拒绝。如果持票人接受了附有条件的承兑，在付款人拒付的情况下，持票人不能向出票人或背书人追索。

（五）保证

保证是非票据债务人对出票、背书、承兑、付款等票据行为所发生的债务进行偿付担保的行为。作出保证行为的人是保证人，被保证的债务人是被保证人。保证人与被保证人所负的责任完全相同。为承兑人保证时，保证人负付款的责任；为出票人、背书人保证时，保证人负担保承兑和担保付款的责任。

保证和承兑的区别在于，保证人通常本身不是票据的债务人，通过保证行为才与票据发生关系，承兑则是付款人所作出的到期付款的承诺，承兑人本身就是票据的付款人。保证可以是对付款作出的保证，也可以是对承兑作出的保证，还可以是对出票、背书等票据行为作出的保证。二者的共同点是，票据经过保证或承兑后，都令持票人多了一层得到付款的保证，从而使票据更容易转让流通。

保证的做法是：保证人在汇票上或在汇票的粘单上写明“保证(Par Aval, Avalise)字样，注明被保证人名称，签上保证人姓名和住所并加注保证日期。《日内瓦统一法》规定除受票人或出票人的签名外，仅有保证人在票面上的签字亦视为保证。如果没有注明被保证人，《日内瓦统一法》以出票人为被保证人。我国票据法规定，保证人未在汇票上记载被保证人的，汇票的主债务人为被保证人，即未承兑的汇票，以出票人为被保证人；已承兑的汇票，以承兑人为被保证人。若保证日期未注明，则以出票日期为保证日期。《日内瓦统一法》允许保证人只对汇票金额的一部分作保证，我国票据法则不允许保证附有条件，若保证附有条件，则条件无效，保证行为有效。

（六）付款

付款是指汇票的付款人或承兑人支付汇票金额以结束票据关系的行为。即期汇票或已承兑的远期汇票到期时，由持票人提示汇票，付款人或承兑人履行付款义务，正当付款后，全体汇票债务人的责任均告解除。

付款必须以现金支付，不得用实物或劳务替代。付款行为必须由付款人或承兑人作出，除此以外任何人的支付，均不能结束票据上的债权债务关系。

付款一般在提示当日或汇票到期日的当天付款。如果付款人（或承兑人）在到期日前付款，需要自行承担由此所产生的责任。付款人（或承兑人）在付款时有义务检查汇票背书的连续性，有的国家票据法还规定付款人（或承兑人）需确认背书的真实性，我国票据法规定付款时需要审查背书连续性和审查提示人的合法身份证明或者有效证件，如果汇票金额为外币的，按照付款日的市场汇价，以人民币支付。对于汇票上明确注明必须以某种货币支付的，则应从其约定。按照我国票据法，付款应当足额付款，但有的国家允许付款人部分付款，持票人可以追索未付款部分。

付款人付款必须出于善意，即不能存在以恶意或有重大过失付款，否则应自行承担责任。所谓“恶意”，是指付款人明知持票人不是真正的票据权利人或者背书存在伪造等情形，仍然向其支付票款，“重大过失”是指付款人只要具有一般的专业知识或稍加调查就可以发现持票人不具备受领票款的资格却未能查知。

付款人付款后，持票人出具收款收据或在汇票背面作收款背书交给付款人，付款人在汇票上注明“付讫”(Paid)字样，注销汇票。对于持票人委托银行收款的，我国《票据法》规定：“受委托的银行将代收的汇票金额转账收入持票人账户，视同签收。”

（七）追索

追索是在汇票被拒付之后发生的行为。拒付又称为退票，是指持票人正当提示汇票时，遭到拒绝承兑或拒绝付款。付款人避而不见或杜撰原因使持票人无法按规定作承兑或付款提示；或者付款人死亡，逃匿或被依法宣告破产，或者因违法被责令终止业务活动等，使付款事实上已不可能执行时，也构成拒付行为。发生拒付后，持票人可要求付款人、承兑人或代理付款银行在汇票上记明提示日期、拒付事由和拒绝日期并盖章，构成被拒绝付款的证明。持票人还可要求当地公证机构作成拒绝证书，或要求付款银行出具退票理由书，作为被拒付的证明。持票人拿到拒付的证明之后，需要通知其前手或所有债务人汇票被拒付，请其做好清偿的准备，这称为发出拒付通知。之后持票人将对汇票的出票人、背书人、承兑人和保证人以及其他债务人中的一人、数人或者全体行使追索权，请求其偿还汇票金额及有关费用。

持票人行使追索权可以从汇票的债务人中任选一人、数人或针对全体，一般来说，持票人会按照其前手、其前手的前手……直至出票人的顺序进行。但被追索人清偿债务后，只能再向其前手追索，而不能向其后手追索。但在汇票转让过程中，可能会出现汇票在转让了数个人之后又回到某一前手的情况，这称为回头背书。我国票据法规定，持票人为出票人的，对其前手无追索权；持票人为背书人的，对其后手无追索权。如果汇票上没有免除的记载，持票人在追索时必须出示拒绝证书和已发拒付通知的证明。追索的金额和费用应包括汇票金额、利息、发出退票通知的费用，作成拒绝证书的费用以及其他必要的费用，得到偿付后持票人应当交出汇票和出具所收到的利息和费用的收据，以便作出偿付的被追索人向其前手追索，或注销债务。

（八）参加承兑与参加付款

这是实务中比较少见的票据行为。参加承兑是汇票不获承兑时，非汇票债务人在得到持票人的同意后，参加承兑已遭拒绝承兑的汇票的一种附属票据行为。持票人同意参加承兑后，不得于到期日以前向前手行使追索权。参加付款是已遭拒付的汇票，在作成拒绝证书的情况下，非票据债务人出具书面证明表示愿意参加支付汇票款项的票据行为。参加付款人不需征得持票人同意。参加承兑和参加付款的目的是防止追索权的行使，保护出票人和背书人的信誉。《英国票据法》、《日内瓦统一法》均有参加承兑、参加付款的规定，我国票据法则没有参加制度的规定。

三、汇票的贴现

贴现是指远期汇票承兑后尚未到期时，由银行或贴现公司从票面金额中扣减按照规定贴现率计算的贴现息后，将净款付给持票人，从而贴进票据的行为。

贴现既是票据买卖业务，也是资金融通业务，它的出现是由于持票人希望早日获得票款，获得资金的融通。

贴现息的计算公式为：

贴现息＝票面金额×(贴现天数÷360)×贴现率

其中贴现天数是指贴现之时距离到期付款日前的天数。票面金额减去贴现息就是汇票净额，也称汇票现值。虽然经过贴现，持票人拿到的金额比票面金额少了，但贴现息往往低于贷款利息，所以持票人还是愿意用贴现的形式提前获取所需要的资金。

经过贴现，票据的债权转移给了银行或贴现公司，而到期拒付的风险也同时转移了过去。所以银行或贴现公司只接受信用良好的汇票。出票人和承兑人的资信地位决定了汇票的信用，银行承兑汇票的信用高于商业承兑汇票。另外，根据信用证出具的汇票，附有运输单据的跟单汇票也比较可靠，一般是愿意被接受贴现的汇票。银行或贴现公司受让汇票后，于到期日向付款人提示付款。

【例 2—1】 一张票面金额为 10 万元的银行承兑汇票，见票后 90 天付款，于 7 月 18 日得到承兑。持票人于 8 月 15 日持票到银行贴现，贴现率是 10%，持票人能拿到多少钱？

汇票是见票 90 天付款的远期汇票，7 月 18 日得到承兑，则到期日应为 10 月 16 日。持票人 8 月 15 日到银行贴现，距到期日 10 月 16 日有 62 天，则贴现息＝100 000×(62÷360)×10%＝1 722.22(元)，那么持票人能拿到的就是 100 000－1 722.22＝98 277.78(元)。

办理贴现业务的条件

目前，我国商业汇票的持票人向银行办理贴现业务必须具备下列条件：

(1)在银行开立存款账户的企业法人以及其他组织；

(2)与出票人或者直接前手具有真实的商业交易关系；

(3)提供自身及其直接前手之前的增值税发票和商品发运单据复印件。

申请票据贴现的单位必须是具有法人资格或实行独立核算、在银行开立有基本账户并依法从事经营活动的经济单位。贴现申请人应具有良好的经营状况，具有到期还款能力，贴现申请人持有的票据必须真实，票式填写完整，盖印、压数无误，凭证在有效期内，背书连续完整。贴现申请人在提出票据贴现的同时，应出示贴现票据项下的商品交易合同原件并提供复印件或其他能够证明票据合法性的凭证，同时还应提供能够证明票据项下商品交易确已履行的凭证(如发货单、运输单、提单、增值税发票等复印件)。

伦敦贴现市场是国际上最著名的贴现市场，也是英国金融市场的重要组成部分。它由多家贴现公司组成，专门从事各类票据的贴入业务。贴现公司买入票据的资金主要来源于英国较大的商业银行（其中主要是交换银行）的短期贷款，由于该种贷款利率低，而买入票据的贴现率高，贴现公司可以从中赚取一定的利率差额。

再贴现

商业银行进行票据贴现后，若其资金紧张，在贴现票据到期前，可持未到期的贴现票据，向中央银行申请再贴现。同理，再贴现也有折扣，其折扣率通常被称为再贴现率。简言之，贴现是商业银行向企业提供资金的一种方式，再贴现是中央银行向商业银行提供资金的一种方式。两者都是以转让有效票据（一般是银行承兑汇票）为前提的。

目前，无论是企业申请贴现，还是商业银行申请再贴现，都要在提交银行承兑汇票的同时，提交增值税发票和真实商品、劳务的交易合同或必要的运输单据，以确保贴现和再贴现是发生在真实的商品、劳务交易基础之上的，防止企业或商业银行利用贴现或再贴现套取资金。

再贴现作为西方中央银行传统的三大货币政策工具（即公开市场业务、再贴现、存款准备金）之一，被不少国家广泛运用，特别是第二次世界大战之后，再贴现在日本、德国、韩国等国的经济重建中被成功运用。再贴现能够如此受到重视和运用，主要是它不仅具有影响商业银行信用扩张，并借以调控货币供应总量的作用，而且还具有可以按照国家产业政策的要求，有选择地对不同种类的票据进行融资，促进经济结构调整的作用。

第四节　本票和支票

一、本票

本票是出票人签发的，承诺自己在见票时无条件支付确定的金额给收款人或者持票人的票据。我国票据法规定，本票的必须记载事项包括表明“本票”的字样、无条件支付的承诺、确定的金额、收款人名称、出票日期、出票人签章。我国的本票均为见票即付；有些国家允许商业本票即企业或个人签发的本票，有见票即付的，更多的是远期付款的，必须记载付款期限。

本票的基本当事人只有两个，即出票人和收款人，本票的付款人就是出票人本人。本票的出票人在任何情况下都是主债务人。

本票和汇票的区别在于：

(1)汇票是委托式票据，它是出票人签发的，委托付款人于规定时间无条件向收款人支付一定金额的票据；而本票是允诺式票据，它是由出票人允诺于持票人提示付款时无条件地由其本人向收款人支付一定金额的票据。

(2)汇票有三个基本当事人，即出票人、收款人和付款人；本票的基本当事人只有两个，即出票人和收款人。

(3)由于本票的付款人就是出票人自己，即使是远期付款的本票也不需要承兑，只需要持票人向出票人提示签见。

(4)汇票在承兑前由出票人负责，承兑后承兑人负主要责任，出票人退居次要责任；而本票则始终由出票人负责。

(5)本票只有一式一份，汇票可以是单张，也可以是一套。

本票出票与汇票出票的异同

本票的出票，从形式上看，与汇票的出票一样，是指出票人作成票据，并将票据交付给收款人的基本票据行为。但从内容上看，本票的出票则与汇票不同。汇票的出票是出票人委托付款人向收款人支付一定金额的票据行为，而本票的出票则是指出票人表示自己承担支付本票金额债务的票据行为。根据我国票据法与支付结算办法的有关规定，我国本票的出票人在资格上受到严格限制。银行本票的出票人，必须具有支付本票金额的可靠资金来源，且必须为经中国人民银行当地分支银行批准办理银行本票业务的银行机构，除此之外，任何企业和个人都不能成为本票的出票人。

如同汇票出票一样，本票的出票行为也会发生法律效力，即出票人签发本票后承担的法律责任以及收款人因此享有的权利。一方面，对于出票人来说，出票人必须承担对本票持票人的付款责任。出票人的这种付款责任具有初次性、无条件性、绝对性与最终性。首先，出票人的付款责任是第一次的责任，出票人是第一债务人或主债务人。其次，出票人的付款责任是一种无条件的责任，本票一届到期日，出票人必须对持票人付款，对此不得附加任何条件。再次，出票人的付款责任是一种绝对的责任，出票人的付款义务不因持票人对其权利的行使或保全手续的欠缺而免除。我国票据法规定，本票的持票人未按照规定的期限提示见票的，虽然丧失对其前手的追索权，但仍然可以向出票人行使追索权。最后，出票人的付款责任是一种最终的责任，即出票人一经付款，全部本票关系就告终。

另一方面，对于收款人来说，出票人签发本票后，收款人及以后的持票人就取得本票上的权利，包括付款请求权和追索权。由于本票无承兑制度，本票一经出票，主债务人就是确定的，因此收款人取得的付款请求权是一种现实的权利。这一点与汇票不同。汇票在经付款人承兑前，不存在主债务人，收款人享有的付款请求权仅仅是一种期待权，只有经付款人承兑后，该期待权才转化成现实权。至于本票收款人因出票行为取得的追索权，则与汇票相同，即只有在付款请求权不能实现，并在法定期限内作成拒绝证明后才能行使。有学者指出，由于我国本票仅限于即期银行本票，不需要流通，且出票人信用可靠，因此，持票人主要依赖于付款请求权，从而本票追索权的行使实际上并不普遍。

资料来源：找法网，http://china.findlaw.cn。

国际上常见的本票形式有商业本票、银行本票、国际小额本票、中央银行本票、流通存单等。我国票据法所称本票仅限于银行本票。银行本票票样如图2—3所示。

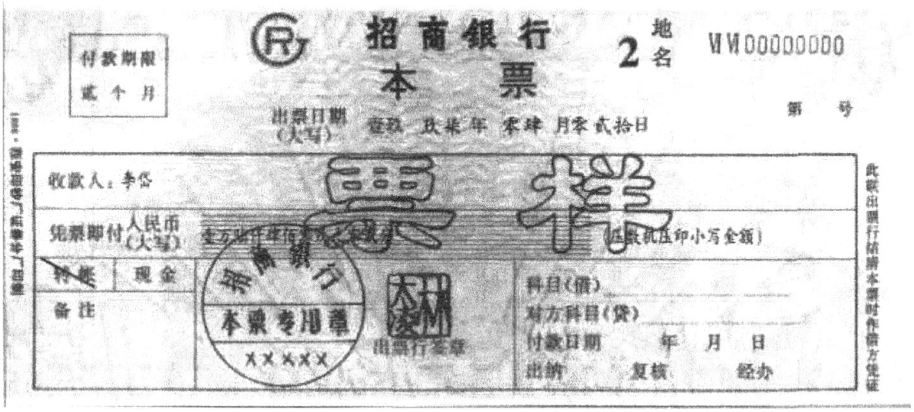

图2—3 招商银行本票票样

二、支票

（一）支票的概念

支票是出票人签发的，委托办理支票存款业务的银行或者其他金融机构在见票时无条件支付确定的金额给收款人或者持票人的票据。与汇票的定义相比较，除了支票的付款人一定是银行、期限一定是即期的以外，两者并无其他本质的区别。

支票必须载明的项目包括表明“支票”的字样、无条件支付的委托、确定的金额、付款人名称、出票日期、出票人签章。上述项目中有缺失的支票无效。支票的出票人所签发的支票金额不得超过其付款时在付款人处实有的存款金额，即不能开空头支票。按我国票据法，支票上的金额可以由出票人授权补记，未补记前的支票，不得使用；支票上未记载收款人名称的，经出票人授权也可以补记。支票上未记载付款地点的，付款人的营业场所为付款地。未记载出票地的，出票人的营业场所、住所或经常居住地为出票地。出票人的签章应当与在付款人处预留的签名式样或印鉴相符。支票票样如图 2—4 所示。

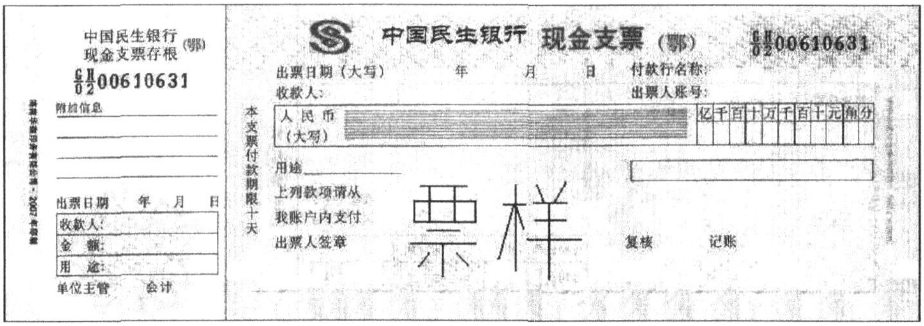
中国民生银行 现金支票存根 (鄂)
$\frac{GH}{02}$00610631
附加信息
出票日期 年 月 日
收款人:
金 额:
用 途:
单位主管 会计

中国民生银行 现金支票 (鄂) $\frac{GH}{02}$00610631
出票日期（大写） 年 月 日 付款行名称:
收款人: 出票人账号:
本支票付款期限十天
人民币（大写） 亿 千 百 十 万 千 百 十 元 角 分
用途
上列款项请从
我账户内支付
出票人签章 复核 记账
票样

图 2—4 中国民生银行现金支票票样

支票的基本当事人和汇票一样，共有三个：出票人、付款人和收款人。但是，支票的出票人必定是在银行设有存款账户的存户，而付款人必定是该存户设有户头的银行，这种银行又称付款银行。

支票都是即期的。我国《票据法》规定："支票限于见票即付，不得另行记载付款日期。另行记载付款日期的，该记载无效。"

（二）支票的种类

按抬头方式不同，支票可以划分为记名式支票和不记名支票。记名式支票需要写明收款人姓名，以背书方式转让；不记名支票不记载收款人姓名或只记载"付来人"，转让时仅凭交付也可以背书转让。

支票正面划有两条平行线的支票称为划线支票。划线支票只能通过银行转账收款，不能提取现金。如果两条平行线中间写有"不可流通"(Not Negotiable)，表示出票人只对收款人负责，若收款人转让支票，受让人的权利不优于收款人。如果两条平行线中间写有"记入收款人账户"(Account Payee)，表示收款行只能将收到的票款记入收款人账户而不能直接付现金。如果两条平行线中间写了某一银行的名称，这称为"特别划线"，表示这张支票只能通过该指定银行向付款行提示付款。划线是为了保证款项的安全，因为付款银行在很多情况下并不能确定持票人是否是支票的真正所有人，采用转账形式可以避免支票金额落入非正当持有人之手。出票人、持票人和银行都有权在支票上作不同的划线或加注，但三者作划线的范围不一样。出票人在出票时可在支票上作普通划线或特别划线。持票人可在未划线的支票上作普通划线或特别划线，还可以在已作普通划线的支票上加作特别划线。收到未划线或普通划线支票的银行可作特别划线给本行。对特别划线支票，被划线银行可再作特别划线给另一家银行代收。

付款行在支票上加注“保付”字样并签章的支票，称作保付支票。付款行保付后必须付款，因此保付支票信用提高，有利于流通。美国、日本对保付支票均有法律规定，《英国票据法》、《日内瓦统一支票法》、我国《票据法》均没有此种支票的规定，但英国对支票有“照票”的规定，其作用类似于保付。

（三）支票的使用

支票使用的一般做法是，出票人使用其开设存款账户的银行所发的支票开出支票，交给收款人，收款人在支票的提示期限之内，持支票向付款行提示，付款行将支票上出票人的签字与支票开户人留在银行的印鉴对照，并核对其账户中是否有足够的金额用以支付，当印鉴相符且有足够存款时，对持票人以现金或转账的方式付款。有些国家的票据法允许支票止付，止付一般是出票人向付款银行发出书面通知，对某张支票停止支付，也可能由遗失支票的持票人通知银行以挂失方式止付。

一起空头支票案

2009 年 9～11 月间，无锡锡山的一家电机厂在与某公司发生业务往来的过程中，连续收到季某开出的延期银行转账支票 14 张。但在支票到期后，电机厂到银行转账时被银行以出票账户金额不足为由退票 12 张，涉及金额为 53 万余元，遂向警方报案。锡山公安经侦大队接报后立即展开调查，调查中发现，对方公司在出具空头支票购买货物时已濒临倒闭，多家业务单位都对其起诉追讨货款，但却多次查找其老总季某未获。锡山公安分局以涉嫌票据诈骗罪为由，决定对季某实施刑事拘留并上网通缉。经调查发现，季某已经畏罪潜逃至美国，并在签证到期后非法滞留，后在警方追逃下回国投案自首。

资料来源：《无锡日报》，2011 年 8 月 3 日。

汇票、本票、支票都是以支付一定金额为目的的特种证券，三者同为非现金结算工具，可行使货币的部分职能。它们具有相同的性质，即设权性、要式性、无因性、流通性。不同之处在于：第一，支票的签发，出票人与付款人之间必须先有资金关系；汇票的出票人与付款人之间不必先有资金关系；本票是约定自己付款的票据，无所谓双方间的资金关系。第二，支票与汇票都有三个基本当事人，即出票人、收款人与付款人；本票只有两个基本当事人，即出票人与收款人。第三，支票与本票的主债务人是出票人，而汇票的主债务人在承兑前是出票人，承兑后是承兑人(付款人)。第四，支票的付款人仅限于银行；汇票的付款人不限于银行，远期汇票的付款人一般是承兑人，也可以是参加付款人或保证人；本票的付款人则是出票人自己。第五，支票限于见票即付，无到期日的记载，汇票、本票因为即期与远期付款之分，因而有到期日的记载。第六，支票和本票没有复本，汇票则可能有。第七，本票和汇票可以在贴现市场上贴现，支票则不能。

本章小结

1. 票据是出票人委托他人或承诺自己在特定时期向指定人或持票人无条件支付一定款项的书面证据。在我国，票据主要有三种，即汇票、本票和支票。

2. 票据的性质主要有设权性、要式性、无因性和流通性。

3. 票据的功能有汇兑功能、支付功能和信用功能。

4. 汇票是出票人签发的，委托付款人在见票时或者在指定日期无条件支付确定的金额给收款人或者持票人的票据。汇票有三个基本当事人，即出票人、付款人和收款人。

5. 本票是出票人签发的，承诺自己在见票时无条件支付确定的金额给收款人或者持票人的票据。本票的基本当事人只有两个，即出票人和收款人，本票的付款人就是出票人本人。

6. 支票是出票人签发的，委托办理支票存款业务的银行或者其他金融机构在见票时无条件支付确定的金额给收款人或者持票人的票据。支票的付款人一定是银行，期限一定是即期的。

思考与练习

一、名词解释

票据　汇票　出票人　承兑　背书

二、简答题

1. 票据的性质是什么？

2. 票据有什么功能？

3. 汇票、本票、支票的相同点和不同点有哪些？

第三章 国际结算方式:汇款与托收

学习目标

- 掌握汇款和托收的含义以及基本流程;
- 熟悉电汇、信汇、票汇、即期付款交单、远期付款交单、承兑交单的意义;
- 了解汇款和托收在实际中的应用。

齐鲁银行为客户成功追回托收款

近日,齐鲁银行成功为客户追索一笔出口托收款项及迟付款罚息共计45 698.55美元,赢得客户高度评价。

该国际贸易客户于2010年11月在齐鲁银行做出口托收D/P项下交单业务,金额为45 240.12美元,国外代收行为某国际知名银行的波兰分行。2010年12月28日,客户称付款人已经付款赎单且已提货,而齐鲁银行始终未收到该笔款项或该国际知名银行的任何回复。按照国际惯例(URC522),齐鲁银行作为托收行,对商业信用的出口托收未收回款项没有追索的义务,但为维护客户的合法利益,提供贴心和迅捷的服务,齐鲁银行国际业务部单证中心先后采取发送电文、邮寄信函、经该国际银行北京办事处向其总行查询等多种方式进行款项催收。经过两个半月的努力,终于为客户追回该笔托收业务的本息。

在此次追索过程中,齐鲁银行急客户之所急,面对全球知名大银行不卑不亢地严格遵循国际惯例据理力争,最终追回款项,赢得了客户对齐鲁银行服务水平的肯定,同时也提升了专业人员处理异常业务的能力。

资料来源:中国金融网,http://news.zgjrw.com,2011-04-11。

阅读以上新闻,结合本章内容思考以下问题:

新闻中，应该收到的款项未收到是谁的责任？是托收的哪一个环节出了问题？齐鲁银行是否有义务替客户追回款项？我国外贸企业应从这个案例中吸取什么教训？

国际贸易的过程中离不开国际结算。由于国际贸易的买卖双方分处在两个不同的国家和地区，不太可能做到一手交钱、一手交货，而是通常需要凭借信用进行。目前常用的国际结算方式有汇款、托收和信用证结算，前两种是建立在商业信用基础上的结算，而信用证方式是建立在银行信用上的结算。本章先介绍汇款和托收这两种国际结算方式。

第一节　汇款

一、汇款的基本流程

汇款又称汇付，简单地说，就是付款人通过银行或其他途径，将货款汇交收款人的国际结算方式。它涉及四个基本当事人：付款人、汇出行、汇入行、收款人。

付款人是支付款项的人，在国际贸易中一般是进口商。汇出行是接受付款人的委托，将资金转至收款人所在地的代理行，并指示后者向收款人解付一定金额的银行，通常是付款人所在地的银行，即进口地银行。“汇出”的意思是收款人所要收取的资金将从汇出行汇出。汇入行又称解付行，是接受汇出行的委托，解付一定金额给收款人的银行，通常是汇出行的国外联行或代理行，是出口地银行。收款人是被通知收取款项的人，在国际贸易中一般是出口商。它们之间的基本关系如图 3－1 所示。

图 3－1　汇款当事人的基本关系

汇款的一般流程为：汇款人向汇出行填交汇款申请书，交款付费给汇出行，汇出行通过电传、航空信函或者开具汇票的方式向汇入行发出付款委托，汇入行核对无误后，通知收款人取款。

汇款应准确提供收款银行的名称和地址

某年某月某日,上海A银行某支行有一笔美元汇出汇款通过其分行汇款部办理汇款,分行经办人员在审查时发现汇款申请书中收款银行一栏只填写了"Hongkong and Shanghai Banking Corp. Ltd.(汇丰银行)",而没有具体的城市名和国家名,由于汇丰银行在世界各地有众多的分支机构,汇出行的海外账户行收到这个汇款指令时肯定无法执行。为此,经办人员即以电话查询该支行的经办人员,后者答称当然是香港汇丰银行,城市名称应该是香港。本行经办人员即以汇丰银行香港分行作为收款人向海外账户行发出了付款指令。事隔多日,上海汇款人到支行查询称收款人告知迄今尚未收到该笔款项,请查阅于何日汇出。分行汇款部当即再一次致电海外账户行告知收款人称尚未收到汇款,请复电告知划付日期。账户行回电称,该笔汇款已由收款银行退回,理由是无法解付。这时,汇出行再仔细查询了汇款申请书,看到收款人的地址是新加坡,那么收款银行理应是新加坡的汇丰银行而不是香港的汇丰银行,在征得汇款人的同意后,重新通知其海外账户行将该笔汇款的收款银行更改为"Hongkong and Shanghai Banking Corp. Ltd.,Singapore",才最终完成了这笔汇款业务。

本案例中该笔汇出款项最初之所以没有顺利解付的原因就在于没有准确向汇入行提供收款银行的地址和名称。这提示汇款人正确填写汇款申请书的重要性,特别是对于收款人或收款银行的详细地址包括城市名称和国家名称更是不能填错或漏填。对于银行工作人员来说,应该认真审查汇款申请书,当发现汇款人填写不全时务必请其详细填写,以防汇错地址,导致收款人收不到款或被人误领。如果由于某些原因不能确切知道收款行或收款人的详细地址时,应向知情的当事人询问清楚,不能主观推测。这样有利于合理保护汇款人和收款人的权益。

按照汇出行向汇入行发送付款委托的方式不同,汇款可分为电汇、信汇和票汇三种形式。

1. 电汇(T/T)

电汇是汇款人委托银行以电报、电传、环球银行间金融电讯网络等方式,指示汇入行解付一定金额给收款人的汇款方式(如图3－2所示)。电汇是一种最快捷的汇款方式,优先级最高,一般均当天处理,并且较为安全准确,通常用于紧急款项,或大额款项的支付、资金调拨、各种支付指示等。随着电讯事业发展和经济活动日益讲求效率,采用电汇方式的汇款也越来越多。

2. 信汇(M/T)

信汇是汇出行应汇款人申请，将信汇委托书或支付委托书以航空信函邮寄给汇入行，授权其解付一定金额给收款人的一种汇款方式(如图 3－2 所示)。信汇比电汇费用低，但速度慢，差错率也较高，现在很少使用。

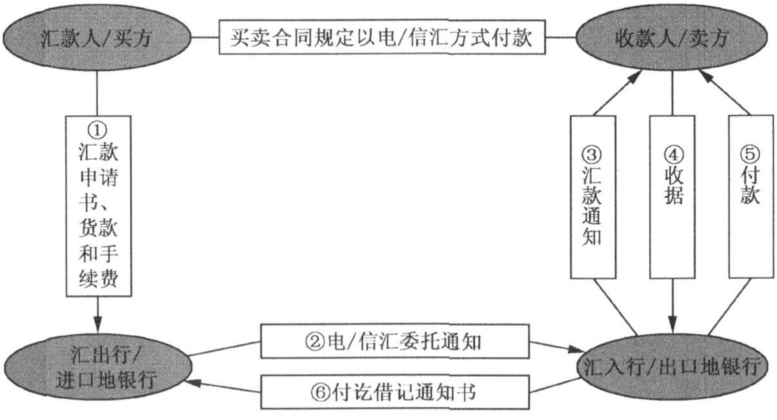

图 3－2 电汇、信汇流程

3. 票汇(D/D)

票汇是通过银行即期汇票来实现汇款的方式(如图 3－3 所示)。汇出行在收到付款人的请求和付款金额后，开具一张以汇入行为付款人的即期汇票，列明收款人名称，交给汇款人。汇款人将这张汇票寄送给收款人，收款人收到后，向汇入行提示付款。使用票汇的好处是收款人拿到汇票后可以转让，但有时银行想限制收款人只能凭票取款，不能转让他人，就会在汇票上作不可流通划线。

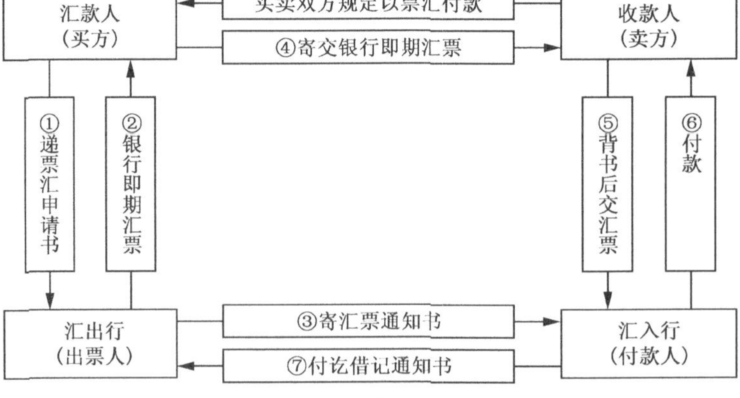

图 3－3 票汇流程

在有些情况下,比如交货不符合合同要求,付款人会要求退款。汇款人或收款人在汇款解付前要求撤销该笔汇款,称为退汇。如果要求退款时汇款已解付,付款人只能与收款人交涉解决退款问题。退汇分为收款人提出和付款人提出两种,这两种情况下的操作不尽相同。

若退汇是收款人提出,汇入行将作为收款人作拒收汇款处理。在电汇、信汇方式中,收款人通知汇入行退汇,汇入行就将汇款委托书退回汇出行。汇出行收到后,通知付款人前来办理退汇手续收回款项。在票汇方式中,收款人只需把收到的银行汇票寄回给付款人,由付款人自行到汇出行办理退汇手续。

若退汇是付款人提出,在电汇和信汇条件下,付款人应先填写退汇申请书,注明退回理由,交给汇出行。汇出行接到退汇申请后,立刻以电函方式向汇入行发出退汇通知,请汇入行退回已拨的头寸。汇入行接到退汇通知后,如果款项尚未解付,就向汇出行发出同意退汇的通知书,并退回汇款头寸。如果款项已解付,汇入行通常会将已解付的情况告知汇出行,由汇出行通知付款人直接与收款人联系。在票汇条件下,如果付款人尚未将汇票寄出,可以直接向汇出行退票;如果汇票已经寄出,则通常只能与收款人联系退回汇票。

办理汇款的注意事项

与托收、信用证等其他支付方式相比,汇款业务只是收付款人之间的结算安排,双方银行的参与程度比较低。因此,为了提高收汇速度、降低银行费用,收付款人要特别注意以下两点:

(1)确保客户名称、账号与银行信息的正确、完整。目前绝大部分银行的业务处理系统,已经实现了资金头寸与客户账户的自动匹配,这无疑大大提高了款项到账的速度,也更加安全可靠。但同时,对收款人提供信息的完整性、正确性提出了更高的要求。实务中,比较常见的问题有:收款银行名称、地址错误或不详细;收款人户名不完整;收款人账号不规范。上述这些情况,都可能导致不必要的查询和耽搁,增加额外的银行费用。

(2)集中管理应收付款项。对于付款人来说,办理汇款一般要承担两种费用:一是手续费,通常是按汇款金额的一定比例,且有最低收费;二是电报费,通常是固定金额,按笔数收取。对收款人来说,收取汇款一般要承担银行的清算费用,也是按笔数收取。进出口企业都要加强应收付款项的管理,根据实际情况,对同一客户的多笔小额支付可以适当集中统一办理。显然,多笔小额汇款对收付款人来说,都将承担更多的费用,对双方都没有好处。

二、汇款的应用

汇款作为一种国际结算方式，具有流程简便、易于操作、方便快捷的特点，随着世界经济和贸易的发展，这种结算方式的运用越来越广泛。但是，由于汇款仅仅是款项的划拨，不涉及货运单据等物权凭证，完全建立在买卖双方的商业信用上，具有较高的风险，所以在运用汇款结算时需要谨慎。

上海出口企业偏爱电汇结算

上海在2002～2007年期间，出口增长率多数年份均高于全国同期平均水平，表现出了良好的上升态势。在上海外贸出口迅速增长的背景下，通过分析其结算方式的构成，可以反映出上海出口企业的结算特点和偏好。据2004～2007年上海外汇管理局数据，三种出口结算方式在上海外贸业务中所占比例为：电汇占到了50%以上，托收的比例在5%以下，而信用证使用比例介于32%～37%之间，即约1/3。显然，电汇已经成为上海出口结算的主流方式。必须指出的是，上海进出口企业采用电汇的实际比例应该比统计数据还要高出一些，因为根据了解，有部分属于贸易结算的外汇，由于种种原因，在电汇方式下直接汇入了个人账户，而按照银行统计的口径，这部分金额无法统计在贸易结算项下。

电汇作为一种商业信用，对出口商虽然具有较大的收汇风险，但在出口实际中其风险仍然处于可控状态。例如，在出口结算大多数采用电汇方式的情况下，上海保持了较高的外贸出口结汇率，根据上海外汇管理局的数据，2004～2007年间的出口结汇率分别为98.93%、99.03%、100.12%、99.99%，上海出口收汇坏账比例最高年份的2004年也只占1.07%，而2007年仅有0.01%，总体上与发达国家差距不大。换言之，对于上海出口企业而言，选择电汇并没有增加收汇风险，实际上是增加了企业的贸易机会，从而提高了企业的竞争力。

资料来源：石磊、沈根荣：《进出口业务中的电汇结算方式探讨》，《国际商务研究》2008年第6期，第69～73页。

在实际中，汇款结算可以细分为以下几种方式：

1. 预付货款

预付货款是国际贸易的买卖双方在达成合同后，由买方先通过汇款的方式支付货款，卖方收到货款后，组织生产或备齐货物，装运发出。这种方式对卖方（出口商）最为有利，因为资金负担小，收到款项才发货，风险最小，但对买方（进口商）而言，预付货款占用了大量资金，还承担着付款之后卖方不发货或发货不合要求的风险。预付货款是买方向卖方提供信用的一种支付方法,一般用于卖方市场的情况下,且卖方信誉良好,买方往往又需求紧迫。

2. 货到付款

货到付款是指买卖双方达成合同后,卖方先组织货物装船发出,同时将货运单据寄给买方。买方收到货后,验收无误,以汇款方式支付货款给卖方。这种支付方式下,买方风险最小,卖方则需占用资金,并承担发货后收不回货款的风险。货到付款一般用于买方市场的情况下,卖方急于出口换汇或希望发展客户,买方的信誉又较为良好。

3. 寄售

有时出口商为了推销新产品或处理滞销产品,会采取寄售的方式。寄售是按照事先协议的寄售条件,由出口商(寄售人)先将货物运送往国外,委托外商(代销人)在当地市场代为销售,待货物售出后,将所得款项在扣除代销人的代销佣金后汇交出口商。寄售项下的货款能否收进,决定因素是代销人能否把货物售出去。因此,代销人的经营能力、作风、资信是很重要的。

4. 预付定金,验货后付清

为了尽量规避汇款带来的风险,在实际操作中,有时会采取预付定金的方式,买方先预付部分货款,等收到货验收无误后再付齐全部款项。在我国当前的实际外贸操作中,汇款主要用于支付小额贸易价款、分期付款、定金、佣金、赔款等较小金额、对到账时间要求高的项目,不是主要的结算方式。但在一些发达国家之间,特别是欧盟国家之间,由于信息较为畅通,企业之间的信用较为可靠,汇款因其简便、高效,已成为主要的国际结算方式。

电汇结算,分批收汇

在国际贸易竞争日益激烈的背景下,在我国中小型外贸企业众多的浙江义乌等地,盛行一种电汇结算、分批收汇的结算方法,即买卖双方在签订合同以后,由买方先付50%～60%的定金。工厂先开工生产,等到货物出运后,再以交付提单为凭据,支付余下的40%～50%的货款。如果双方是"老客户",对方所付定金也可在30%～40%之间,不少出口商甚至允许进口商在收货、检货之后,再支付余下的货款。这种结算方式,不但照顾了许多外国客户使用方便快捷的电汇方式的习惯,有利于争取订单,而且也尽量降低了我国企业的收汇风险。

第二节 托收

一、托收的定义

托收是由债权人提交债权凭证，委托银行通过其在国外的分行或代理行，向债务人收回款项的一种国际结算方式。《国际商会托收统一规则》(URC522)对托收的定义如下：

(1)“托收”是指银行依据所受指示，处理本规则第2条b款定义的“单据”，以求：

①取得承兑和(或)付款；

②或凭承兑和(或)付款交出单据；

③或凭其他条件交出单据。

(2)“单据”是指资金单据和(或)商业单据。

①“资金单据”是指汇票、本票、支票、付款收据或其他类似用以取得付款的凭证。

②“商业单据”是指发票、运输单据、所有权凭证或其他类似的单据，或其他“非资金”单据。

(3)“光票托收”是指不附商业单据的金融单据的托收。

(4)“跟单托收”是指对下列单据的托收：

①附有商业单据的金融单据；

②不附金融单据的商业单据。

由于国际贸易通常涉及货物运输，所以使用的托收一般是跟单托收，出口商委托银行凭进口商的付款或承兑向其交单，进口商只有拿到单据之后才能去提货。跟单托收避免了进口商拿到货物却不支付货款，出口商发出货却拿不到货款的风险。下面主要介绍跟单托收。

跟单托收按照交单条件的不同分为付款交单和承兑交单。付款交单是出口方委托银行，只有在进口方付清货款时才能向其交出行业单据的托收。按照付款时间以及所附汇票的不同，又可分为即期付款交单和远期付款交单。即期付款交单是出口方开具即期汇票，连同全套商业单据通过银行向进口方提示，进口方见票，审单无误后付款，银行在其付清款项后交出全套单据。远期付款交单是出口方开具远期汇票，连同全套商业单据通过银行向进口方提示，进口方见票，审单无误后承兑，到期后付清货款才能取得全套单据。由于在远期付款交单的情况下，进口方见票之后承兑却须等待到期日付款之后才能提货，这段时间内货物可能已经到港,却不能被提,需要在港口堆放,存在较多风险,实际中已经很少使用这种交单方式。如果出口方开具的是远期汇票,往往会采取承兑交单的方式,即进口方见票承兑后即可拿到单据提货,到汇票到期日再付清全部货款。

二、托收的一般流程

托收一般涉及四个基本当事人:委托人、托收行、代收行和付款人。

- 委托人,是指将单据委托银行,向付款人收取款项的人。“委托”是指委托银行办理托收。在国际贸易中,委托人通常是出口方,同时也是货物的发运人和汇票的出票人。
- 托收行,是指应委托人的委托而办理托收的银行,在国际贸易中通常是出口地银行。托收行一方面接受委托人的委托,受理代收业务,另一方面又委托其在国外的联行或代理行,代向付款人收款。
- 代收行,是指应托收行的委托,向付款人提示汇票,要求付款或承兑,以及在收妥款项后交单的银行,通常为进口地银行。“代收”的意思是替托收行代收款项。
- 付款人,是指托收中付款并提取单据的人。在使用汇票的托收中,付款人也是汇票上的付款人,在国际贸易中通常是进口商。

除了这四个基本当事人外,托收中还可能涉及提示行和预备付款人。

- 提示行,是指向付款人提示汇票和单据的银行,一般由代收行兼任。但在有些情况下,比如代收行与付款人没有业务往来或不在同一城市,代收行就需要委托一家与付款人有业务往来或在同一城市的银行向付款人提示票据收取货款,这个银行就是提示行。
- 预备付款人,是指委托人指定的进口地代表,又称代理人,其作用是在付款人拒付时,代为处理货物的存仓、转售、运回或改变交单条件,尽量减少委托人的损失。委托人在托收申请书中必须明确指出该预备付款人的权限,否则银行将不允许预备付款人对货物进行任何处置。

跟单托收的基本流程是:委托人按照合同要求备好货物,装运、发货,之后将运输单据等有关商业单据备齐,开出汇票(也可以不开汇票),填写托收申请书,将申请书、汇票和全套单据交给托收行。托收行接受委托后,将汇票、单据和托收指示寄交进口地的代收行。代收行收到后,向付款人提示单据,要求付款人付款或承兑。如果是即期付款交单(如图 3—4 所示),付款人付清款项后拿到单据提货;如果是承兑交单(如图 3—5 所示),付款人承兑后拿到单据提货;在远期付款交单(如图 3—6 所示)的情况下,付款人承兑后,到汇票到期日付清款项、领取单据。

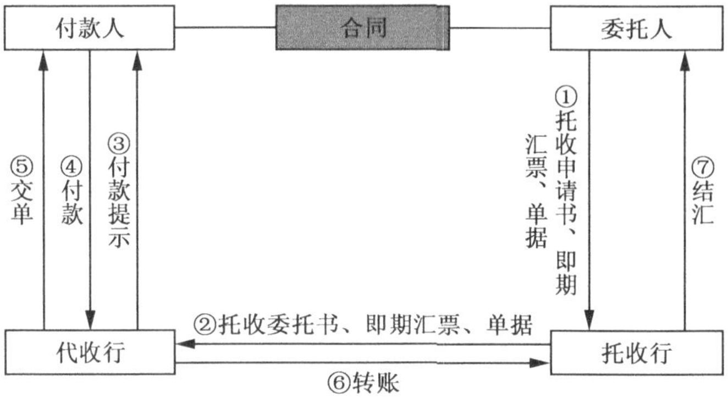

图 3—4　即期付款交单业务流程

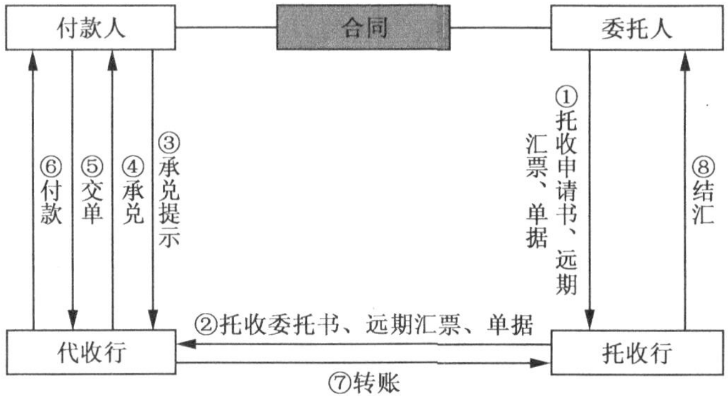

图 3—5　承兑交单业务流程

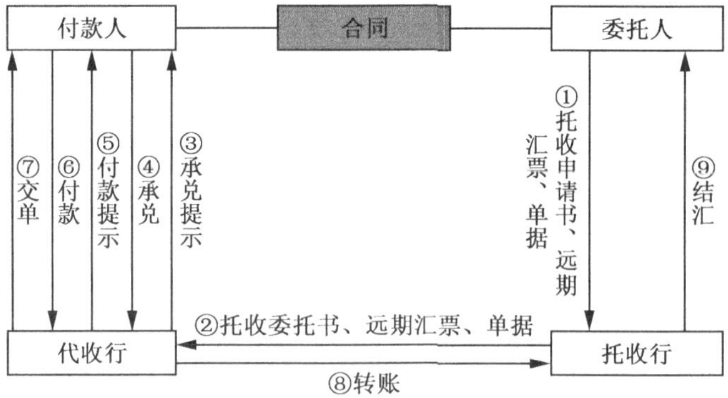

图 3—6　远期付款交单业务流程

按照《托收统一规则》,托收指示应当包括以下内容:代收行的详细资料,包括名称(全称),邮政地址,电传、电话和传真号码;委托人的详细资料,包括名称(全称)、邮政地址,有可能的还应包括电传、电话和传真号码;付款人的详细资料,包括全称、邮政地址或提示行所在地,有可能的还应包括电传、电话和传真号码;提示行(如有提示行)的详细资料,包括全称,邮政地址,电传、电话和传真号码;托收的金额和币种;托收单据清单及每种单据的份数;获得付款和(或)承兑的条件;托收的费用,包括费用能否放弃;托收的利息,包括利息能否放弃以及利率、计息期限、计算基础(一年360天或365天);付款的方法和发出付款通知的方式;当托收遭拒付、拒绝承兑或付款人不履行其他责任时的指示。

在托收业务中,委托人与托收行、托收行与代收行之间是委托关系,所以,托收行和代收行对托收的票据能否付款是不负责任的,托收仍是一种基于商业信用的结算方式。

三、托收的风险

托收相比汇款方式,出口商的风险减少了很多,这主要表现在两个方面:一是托收基本上实行的是凭单付款的原则,在买方没有支付货款或没有承兑汇票之前,卖方仍掌握着货权。二是出口商开出汇票收款,比汇款方式主动,而且在托收行同意时,出口商可以凭汇票及货运单据向银行申请办理押汇,以取得资金融通。但是,在托收业务中,银行只是作为卖方的受托人代办收款业务,它没有承担必然付款的责任,不过问单据的真伪,一般也不对已到达目的地的货物负责提取和看管;托收方式仍然是“先货后款”的结算方式,尤其是远期托收,出口商可能在货到以后才能收回货款,实质上是出口商向进口商提供的商业信用。出口商能否及时、足额地收回货款,完全取决于进口商的商业信用和进口国的政治经济状况及相关政策,如果进口商破产或倒闭,或者拒不付款,出口方的货物就会积压在码头无人认领,不仅增加了仓储保管费用,还存在货物变质、毁损、短量的风险。如果遇到进口国家加强外汇管制或改变进口政策,还会发生货物到达却不能进口或不能付汇。即使出口方能够通过预备付款人根据情况及时设法解决补救,往往也不足以弥补全部损失。因此,出口商在选择托收方式之前,必须考虑托收带来的风险,采取相应的风险防范措施。

托收拒付的风险

20世纪90年代中期,加拿大由于移民增加,其国内的建筑行业蒸蒸日上,对建筑材料的需求旺盛,在对我国的建筑材料进口方面也表现强劲。我国的海港城市T市进出口公司宏大公司与加拿大的保罗公司共签订了8份合同，全部使用CIF贸易术语，总计金额68万美元，以D/P即期付款交单方式支付。后来由于加拿大建房数量基本满足了市场的需要，该国的建筑业也随之降温，原先对建筑材料的强劲需求也大为缓解。

而我国的宏大公司对这一情况并不十分了解，反而在年底之前为了突击提升业绩，抓紧时间将这8份合同规定的所有建筑材料全部发给了加拿大保罗公司，所有单据也在同时办理托收。后由于款项过大和需求减少两方面的原因，保罗公司拒绝付款提单。结果货物到达以后就不得不暂时堆放在温哥华码头。在宏大公司着急解决问题的同时，货物却被另外一家公司用假提单提走。几经周折，在中央领导的直接干预下，才得以找到冒名提取货物的威马公司，并经过历时两年的谈判，宏大公司才收回货款，但同时也损失了很大的利息收入。

资源来源：陈国武：《新编进出口业务案例精选》，清华大学出版社2009年版。

在即期付款交单、远期付款交单、承兑交单这三种托收的交单方式之中，即期付款交单中出口商面临的风险相对最低，而承兑交单由于交货时只要求承兑而不要求付款，出口商的风险最大。远期付款交单对出口商的风险，理论上介于两者之间，但有的国家存在将远期付款交单等同于承兑交单的习惯做法，无疑增加了出口商的风险。所以，出口商在托收业务中选择交单方式时，即期付款交单方式应优先采用，并指定信誉可靠的代收行转交单据、代收货款。应慎用远期付款交单方式和承兑交单方式托收。

选择托收成交，首先，应尽可能多地了解进口商的信用水平，掌握进口商的资信状况，合同成交金额不宜超过其经营能力和信用程度；其次，要考虑成交商品的性质，一般来说，对那些市场价格波动较大、不易保存、容易损坏或变质的商品，应慎用托收方式；再次，要对进口国的相关政策有一定的了解，随时注意了解和掌握进口国家的外汇管制情况，以及是否存在《托收统一规则》之外的特殊规定和习惯做法。在托收进行过程中，全套正本单据应通过托收行寄出，不可将正本提单径直寄给买方，以免出口商丧失对货物的控制权。单据提交银行后，出口商应保持与进口商的密切联系。当货款未能按期收回时，应主动联系船公司，掌握货物下落，并将信息及时反馈给托收行，以便托收行采取相应措施及时对外交涉。

远期付款托收的风险

某年2月，国内出口商A公司与美国进口商B公司签订了一份出口丝绸的贸易合同，付款条件是D/P50DAYS。A公司按合同约定时间发货，及时将有关单据交至国内甲银行办理托收。经审核单单一致,甲银行当日将单据(包括全套正本提单)寄往B公司指定的代收行乙银行。乙银行来电称单据收妥,之后来电告知B公司已作承兑。但单据的付款到期日到了,货款并未收到,甲银行发电催收,乙银行回电称尚未收到B公司的付款指示。

一直到当年9月,甲银行的多次催款都毫无进展。货物早已抵港,而乙银行与B公司都未曾就仓储费、滞纳金等问题提出任何要求,甲银行怀疑货物早已被B公司提走。于是,甲银行建议A公司与船公司接洽,了解货物下落。果然,7天后A公司书面通知甲银行:B公司早在6月14日就已凭正本提单将货物提走。甲银行立即致电乙银行,请其在7日内将货款及利息(提货日至发电日利息)汇至甲银行,否则退回全套单据。7日后,款项仍未到,甲银行根据A公司的书面指示要求乙银行立即退单。当甲银行收到乙银行付款通知时,已经是10月下旬。至此,这起长达9个月之久的远期付款托收纠纷才得以解决。在此案例中,乙银行作为代收行,却置托收行的托收指示于不顾,将D/P50 DAYS当作D/A50 DAYS处理,在付款人未履行付款责任的情况下擅自放单,并对甲银行的多次催收电报采取推诿责任的态度,违反了国际惯例,险些导致出口商款货两空。我国外贸企业应从中吸取教训,一是慎用远期付款交单方式,二是慎重接受诸如代收行由进口商指定之类的条件。

另外,贸易术语和运输方式的选择也很重要,如果确定使用托收方式结算,出口方要争取使用CIF或CIP方式,由出口方办理保险和运输,否则,如果采用FOB、FCA术语,由于是由进口方租船订舱,货物装载在进口方订来的船上,有进口方和船方勾结骗取货物的危险。实际交货条件的贸易术语,如EXW、DAF、DDP等,也不宜采用。在采用非海运运输方式的情况下,由于空运、铁路运输和邮政运输的运输单据不代表物权,出口方没有约束进口方付款的凭证,托收的风险会大大增加,变成实质上的货到付款。

因FOB造成的损失

我国的A公司出口机电设备给外国的B公司。双方商定用D/P托收方式结算,价格条件是FOB,买方负责船运和保险。A公司在装运货物后,把全套单据送银行托收,但货至进口国港口后,B公司以货物包装不符合合同约定为由,表示货物不能接受,拒不付款。A公司虽然控制货权,但是因为B公司安排的承运人与A公司以前没有业务关系,A公司与船公司并不熟悉,在处理货物的过程中耗费了很多时间和精力,并因此蒙受了货物滞留港口、市场价格变化等经济损失。

四、托收项下的融资

(一)托收出口押汇

托收出口押汇是指在托收过程中,当出口商将全套单据和汇票交给托收行时,将汇票背书转让给托收行,托收行将票款金额扣除利息和手续费后先行垫付给出口商的融资方式。通过这种方式,出口商等于提前获得了货款,能够加速资金的周转,减少资金的占用;托收行等于买入了全套单据,成为汇票的持票人,通过代收行向付款人提示付款。如果付款人拒付,银行将向出口商追索,如追索不成,则将变卖货物用以抵偿。

出口商要求托收行叙作出口押汇,必须向托收行提出申请,托收行要审查进出口商双方的资信情况,以及出口货物是否容易变现、单据是否齐全并合乎合同规定等,考虑是否同意出口商的请求。但在托收方式下,托收行进行出口押汇业务风险较大,只有在进出口双方信用好且额度不大的情况下,才会考虑同意出口商的请求。托收项下出口押汇的比例较低。

交通银行出口托收融资办理有关事项:

1. 定义

出口托收融资是指在托收项下,出口商委托我行向进口商收取货款,因出口未收汇而形成了短期流动资金需求,向我行申请办理的资金融通业务。

2. 种类

(1)D/P 项下:是指在出口托收付款交单方式下,出口商在委托我行代向进口商收取货款的同时,以提交的汇票及随附单据作质押品,由我行提供部分应收货款融资,并保留对出口商的追索权,待出口托收款项收妥后即归还我行借款的融资方式。

(2)D/A 项下:是指在出口托收承兑交单方式下,出口商委托我行寄出远期汇票和随附单据向进口商托收,在收到进口商承兑的远期汇票或代收行发来的承兑电(函)后,由我行叙作部分贴现并保留追索权的融资方式。

3. 币种、期限、利率和融资比例

(1)出口托收融资的币种限于美元、欧元、日元、英镑、港元。

(2)出口托收融资的期限根据出口合同规定的信用期加上托收单据的传递和处理时间确定,信用期限最长不超过 90 天。

(3)出口托收融资的利率参照我行外汇流动资金贷款利率执行。

(4)出口托收融资的比例一般不超过发票金额的 80%。

4. 面向的客户

(1)申请人必须是具有法人资格和进出口经营权的企业或单位,在我行开立本币或外币账户,财务、经营状况正常,资信良好,与我行保持稳定的结算业务往来,出口托收收汇记录正常。

(2)申请融资的出口商品须是出口商经营范围内的产品,适销对路,质量可靠,原则上具有三次以上正常的收汇记录,出口商与进口商已建立长期稳定的供货关系,且该进口商在以往的托收业务中付款记录良好。

(3)申请人必须获得我行授予的出口托收融资授信额度,并在额度内提出申请。

5. 办理要点

(1)申请人向我行提出出口托收融资额度申请,我行审查同意后与申请人签订出口托收融资合同,并落实有关的担保。

(2)申请人填制"交通银行出口托收融资申请/审批书",连同出口合同、托收单据提交我行。

(3)我行审核同意后,将融资款项扣除利息、托收费及其他应收费用后以原币或结汇方式划入申请人账户。

(二)托收进口押汇

托收进口押汇又称借单。在出口商开具远期汇票,但又要求付款交单,即远期付款交单托收的情况下,有可能出现货物已到港但汇票尚未到期、卖方不能支付货款也不能提货的情况。在这种情况下,货物滞留码头会产生额外的费用和较大的风险。为了避免这种风险,进口方可申请"借单提货",即向代收行出具书面到期付款的承诺,经代收行允许后,拿到单据去提货,到汇票到期日再向代收行付清货款。借单提货之后,货物虽然被付款人提取,但货物的所有权仍然属于代收行,一直到付款人付清货款为止,在此之前,银行有权随时取消信托、收回货物。

托收进口押汇解决了远期付款交单方式下可能遇到的麻烦,但代收行为此将承担责任。如果付款人到期不付款,代收行须承担向委托人付款的责任。所以,只有在进口方信用良好的情况下,代收行才会同意借单。

如果出口方在托收指示上授权代收行可以借单,那么付款人到期拒付的风险就由出口方承担,代收行不再负责。这种方式实质上等同于承兑交单,不属于进口押汇的范围。

五、托收的优缺点

托收方式是除汇款方式之外，用于贸易结算和非贸易结算的又一主要国际结算方式。采用托收方式，手续比较简便，出口方的风险得到了一定的减少，又可能取得一定的资金融通，因此被许多出口商特别是希望扩大业务、争取客户的出口商选择使用。但是，由于托收方式仍然依靠双方商业信用，出口商在收回货款上存在一定的风险，使用托收方法结算前，应谨慎考虑进口商的资信状况、履约能力等相关因素，规避可能的风险，保护自己的利益。

本章小结

1. 汇款又称汇付，是付款人通过银行或其他途径，将货款汇交收款人的国际结算方式。涉及四个基本当事人：付款人、汇出行、汇入行、收款人。

2. 按照汇出行向汇入行发送付款委托的方式不同，汇款可分为电汇、信汇和票汇三种形式。按照汇款与交货的时间先后，可分为预付货款和货到付款两种方式。

3. 托收是由债权人提交债权凭证，委托银行通过其在国外的分行或代理行，向债务人收回款项的一种国际结算方式。托收一般涉及四个基本当事人：委托人、托收行、代收行和付款人。

4. 跟单托收按照交单条件的不同分为付款交单和承兑交单。按照付款时间以及所附汇票的不同，又可分为即期付款交单和远期付款交单。

5. 汇款和托收都是基于商业信用的。托收比汇款的风险要小。

思考与练习

一、名词解释

汇付　托收　跟单托收　承兑交单

二、简答题

1. 汇款的当事人有哪些？
2. 托收的当事人有哪些？
3. 汇款有哪几种方式？
4. 托收的优缺点是什么？

第四章　国际结算方式:信用证

学习目标

- 了解信用证的定义和分类;
- 熟练掌握信用证结算流程;
- 了解信用证的主要内容;
- 理解信用证结算的优缺点;
- 了解 UCP600。

一起因信用证与合同条款不符造成的纠纷

某年年底,某出口公司 A 与中国香港某客户成交一批商品,价值 318 816 美元,出口到香港,然后再由该客户转口去西非。合同中约定的包装条款是:商品均以三夹板箱盛放,每箱净重 10 千克,两箱一捆,外套麻包。香港客户如期通过中国银行香港分行于次年 2 月 6 日开出 A-01-E01006 号不可撤销跟单信用证。A 公司发现信用证的包装条款与合同有出入,信用证的包装条款为:均以三夹板箱盛放,每箱净重 10 千克,两箱一捆。在这个条款中没有要求外套麻包。有关人员经过推敲,认为信用证收汇方式应遵循与信用证严格相符的原则,当信用证与合同有出入时,应凭信用证,而不凭合同,以保证安全收汇。因此,该批货物的包装就根据信用证的条款办理,在包装外没有加套麻包。一切有关单据都按信用证的条款及实际情况缮制,即"均以三夹板箱盛放,每箱净重 10 千克,两箱一捆。"该批货物 500 捆,于同年 3 月 15 日装"锦江"轮 H 航次运往香港。A 公司持全套单据交中国银行上海分行办理收汇。中国银行上海分行审核后未提出任何不符点,因信用证付款期限为提单日后 30 天,不作押汇,全套单据由中国银行寄开证行,整个过程并无异常。

但在货物出运后的第八天，香港客户致电A公司，以货物未套麻包与合同不符为由，要求A公司支付高达20 860美元的打包费用，并有退货的意思。A公司回电表达了我方是根据信用证条款包装，不承担任何责任。但香港客户仍坚持其赔偿要求。后在A公司的争取下，在香港客户最终实际支付材料等费用计35 000美元的基础上，由A公司贴补费用4 000美元，较顺利地友好结案。

阅读以上材料，结合本章内容思考以下问题：

信用证与相应的买卖合同之间是什么样的关系？香港公司的要求是否合理，为什么？该案例为我们以后的外贸实践提供了哪些教训？

第一节　信用证概述

一、信用证的定义

信用证是银行出具的一种有条件的付款保证。国际商会《跟单信用证统一惯例》对信用证的定义是：信用证意指一项约定，不论其如何命名或描述，即由一家银行(开证行)应客户(申请人)的要求和指示或以其自身的名义，在符合信用证条款的条件下，凭规定单据向第三者(受益人)或其指定人付款，或承兑并支付受益人出具的汇票；或授权另一家银行付款，或承兑并支付该汇票；或授权另一家银行议付。这个定义说明了信用证具有以下特征：

(1)信用证是由开证银行开出的，以开证行自身的信用为保证，开证行承担第一性的付款责任。

(2)付款的条件是必须具备符合信用证条款的单据，信用证业务有关当事人仅对信用证负责，仅问单据表面是否符合信用证条款，而不问货物的各种状况。

(3)信用证中所列的条款来自于产生债权债务关系的合同，如货物进出口合同。因此，信用证这一结算方式是以银行信用为商业信用担保，信用证一经开立即脱离原销售合同而独立。

(4)开证银行对受益人开出的跟单汇票进行承兑和(或)付款，可以付款给受益人或其指定人，开证银行也可以对汇票进行直接付款，也可以授权另一家银行付款或承兑。

二、信用证的分类

信用证在国际结算中的使用范围非常广泛,多数用于国际贸易中,也有少数在国际非贸易活动中使用。信用证有许多种类,以下介绍一些常见的信用证形式:

1. 跟单信用证和光票信用证

跟单信用证是开证行凭跟单汇票或仅凭信用证规定的单据付款的信用证。跟单信用证可以附跟单汇票,也可以没有汇票而只附有各种运输、保险单据等。在国际贸易实务中,由于涉及货物的运输、保险等,需要凭这些单据付款,使用的信用证主要是跟单信用证。

光票信用证是凭不附单据的汇票或者不附有运输单据的汇票付款的信用证。光票信用证必须出具汇票。

2. 可撤销信用证和不可撤销信用证

可撤销信用证是指开证行可对所开信用证不必征得受益人同意,有权随时撤销或修改的信用证。这种信用证允许开证行随时单方面地修改或撤销信用证,对出口商而言是一种不确定的付款承诺,对出口商十分不利。所以,最新版本 UCP600 中,已取消了这种信用证形式,信用证都应是不可撤销的。

不可撤销信用证即信用证一经开出,在其有效期内,非经信用证各有关当事人同意,开证行不能片面修改或撤销的信用证。这种信用证中会注明“不可撤销”(Irrevocable)字样。不可撤销信用证,在规定的单据提交给被指定银行或开证行并符合信用证条款的前提下构成开证行的一项确定承诺。只要受益人提交的单据符合信用证的规定,开证行必须履行付款责任。现在国际贸易中使用的信用证都是不可撤销信用证。

3. 保兑信用证

保兑信用证是由一家银行开出,经另一家银行保证兑付的信用证。只有不可撤销的信用证才能加以保兑。保兑信用证包含了开证行和保兑行两家银行各自独立的付款承诺。保兑信用证如果需要修改或撤销,不但要经过开证行和受益人的允许,也要通过保兑行的允许。保兑信用证的出现是由于一些开证行的信用不够,需要另一家更有实力和信誉的银行对信用证保证兑付,才可以为受益人和有关银行所接受。

4. 即期付款信用证、延期付款信用证、承兑信用证和议付信用证

凡在信用证中规定受益人须开立即期汇票,或不须开立汇票,仅凭单据即可向指定银行提示请求付款的信用证称为即期付款信用证。开证行和保兑行对即期付款信用证承担即期付款责任。即期付款信用证是对出口方最有利的信用

证，一般交单即可获得付款。

延期付款信用证又称迟期付款信用证或无承兑的远期信用证，受益人不开具汇票，仅向开证行或其他付款行提交规定单据，在规定的某一日期获得付款。因为不附有汇票，这种信用证没有承兑行为，也不能够贴现。延期付款信用证一般是为了解决法律规定的远期汇票期限与买卖双方希望的远期付款期限不一致的问题，也可以避免缴纳印花税。

承兑信用证是指信用证中规定开证行授权受益人开立以开证行为付款人或以其指定的其他银行为付款人的远期汇票，在审单无误后，承担承兑汇票并于到期日付款责任的信用证。承兑信用证，在受益人提交符合信用证规定的远期汇票和装运单据时，开证行、保兑行或开证行指定的付款人有责任予以承兑并在到期日付款。这种信用证可以贴现。延期付款信用证与承兑信用证都是远期信用证。

议付信用证是开证行在开证时，要求议付行为受益人提交的符合信用证要求的单据作出口押汇（议付），开证行对议付行承担见单付款责任的信用证。议付信用证有自由议付信用证和限制性议付信用证两种。自由议付信用证是开证行不限制某一家银行为议付行，可由受益人选择任何愿意议付的银行，提交汇票、单据请求议付，通常开证行会规定某一地区的任何银行都可选择作为议付行；限制议付信用证是指开证行指定某一家银行作为议付行的信用证。

议付行在收取受益人的单据时，必须支付对价。我国银行目前常采用"收妥结汇"的方法，即收到受益人提交的单据，审单无误后，将全套单据寄往开证行提示付款或承兑，到收妥货款后再结给受益人。在这种情况下，银行在收取单据之时并未向受益人支付对价，因此不具有议付行的资格。

5. 可转让信用证和不可转让信用证

可转让信用证是指开证行授权可使用信用证的银行在受益人的要求下，可将信用证的全部或一部分转让给一个或数个第三者的信用证。被授权的银行是信用证中指定银行或被授权付款、承兑和议付的银行。可转让信用证的受让者称为受让人或第二受益人。信用证经转让后，即由第二受益人办理交货。除非另有说明，可转让信用证只能被转让一次，但第二受益人可以将信用证再转给原受益人。

可转让信用证一般用于以下两种情况：一是存在一家供货商，也就是出口商的货物实际是由另一家公司生产，需要经另一家公司备货装运，出口商实际上只是一个中间商的角色，而交易是由出口商和进口商达成的，出口商不愿意让进口商知道供货商的信息以免泄露商业机密，因此要求进口商开证时仍然将自己作为受益人，但注明可以转让，这样出口商就可以把信用证转给供货商，让其发货备单。二是由于货物数量或种类较多,需要从多个地点备货,从不同口岸装运,这样出口商也会要求开具可转让信用证。

不可转让信用证是指受益人不能将信用证的权利转让给他人的信用证。凡未明确表明为可转让的信用证,都视为不可转让信用证。

6. 对背信用证和对开信用证

有时,当出口商需要进口商开具可转让信用证,而进口商不同意开立时,出口商会采用对背信用证的办法。对背信用证是一种从属信用证,它是受益人在收到信用证后,要求该证的原通知行或其往来银行,以原证为根据,另开的一张内容近似的新证。出口商可以将对背信用证开给供货商,代替可转让的信用证的作用。

对背信用证虽然在作用上可以代替可转让信用证,但在本质上是完全不同的。可转让信用证只是一个信用证进行了转让,而对背信用证是两张信用证,存在两个开证行,包含了两个完整的信用证流程,以及两笔独立的交单和议付。

在易货贸易中,可能出现对开信用证,也就是一张信用证的开证人是另一张的受益人,受益人是另一张的开证人,两张信用证互相联系、互为条件。两证可同时互开,也可分别先后开立,通常金额相等或大体相等。

7. 循环信用证

循环信用证是指信用证的金额在被受益人使用后,能够恢复到原金额再被使用的信用证。循环信用证会规定循环的方式、次数、时间以及总金额。循环信用证适用于进出口双方的合同需要在较长时间内分批完成,而进口商不愿意在每次结款时都开立一个信用证的情况。循环信用证有多种循环方式。金额用完后在规定的时间内自动恢复至原金额直到一定次数或总金额为止的称为自动循环;使用后,在规定时间内开证行未通知停止循环就可恢复金额的称为半自动循环;使用后只有收到开证行通知才能恢复金额的称为非自动循环。半自动循环和非自动循环都是可以被开证行停止循环的,所以作为出口商,如果合同金额已经商定,只是分批交货的情况,应当选择自动循环的信用证,以免在循环过程中被开证行停止循环,遭受收不回全部货款的风险。

8. 预支信用证

预支信用证是允许出口商在装货交单前预支全部或部分货款的信用证。出口商在预支货款后,可以用信用证的款项来备货。这是进口商利用开证行信用帮助受益人融资的一种方式,由进口商承担最终的融资风险。

第二节 信用证流程

一、信用证的当事人

信用证的基本当事人有三个：开证申请人、开证行和受益人。但在实务中，信用证通常还涉及通知行、议付行、保兑行、付款行和偿付行等。

（一）开证申请人

开证申请人是向开证行申请开立信用证的人。在国际贸易中，开证申请人一般为进口商。开证申请人有以下义务：

(1)依照合同规定向银行申请开立信用证。开证申请人必须在合同规定的时间内，按照合同中的各项条款向银行申请开立信用证。信用证条款必须与买卖合同一致，这是因为在信用证处理流程中，银行只对信用证负责，不会查看合同条款，因此为保证合同的履约，申请开立信用证时的信用证条款必须与买卖合同一致。开证申请人应在合同规定时间内或合理时间内申请开立信用证，否则将影响交易的按时完成。

(2)合理指示开证。合理指示开证，就是要求开证申请人在申请开证时，要措辞清楚、语义明确，不能前后矛盾、含糊不清或容易让人产生误解。

(3)及时凭单付款。当接到开证行的赎单通知时，开证申请人有义务及时向开证行付款赎单。但如果发现单证不符，开证申请人有权拒绝赎单。如果在受益人交单之后，开证行倒闭导致信用证失效，作为合同的买卖双方，开证申请人应继续履行包括付款在内的合同义务。

（二）开证行

开证行是应开证申请人的申请，开立信用证的银行。开证行的权利和义务如下：

(1)按照开证申请人的指示开立信用证。开证申请人申请开立信用证时，会递交开证申请书，开证申请书就是开证申请人与开证行之间的合同，开证行必须按照开证申请人的委托开立信用证，不得单方面任意修改其中的条款。开证行应对开证申请人负责，有义务提供建议和咨询，以使信用证简明合理，能有效地完成合同支付。开证行也须对自己的过失负责。

(2)按照《跟单信用证统一惯例》的要求开立信用证。开证行开立信用证除了要根据开证申请人的要求，也要按照有关国际惯例操作。开出的信用证应当符合《跟单信用证统一惯例》的规定，开证时也应当按照《跟单信用证统一惯例》的规定操作。

(3)承担付款责任。信用证是开证行的付款承诺,只要单据与信用证要求相符,开证行就必须按规定履行付款。根据《跟单信用证统一惯例》的规定,开证行在付款之前,银行必须合理小心地审核信用证规定的一切单据,以确定是否表面与信用证的条款相符合,其审核的合理时间为不超过从其收到单据翌日起算 7 个银行工作日,对于信用证没有规定的单据,银行有权不审核,将其退回交单人或将其照转,并对此不负责任。开证行在对单据审核后,认为与信用证条款要求相符合,则应立即付款,而不应该在申请人指示后再付。开证行的付款是终局性付款,只要是核对过单证相符之后的付款,一经付出不得追回,即使付款后再发现有单证不符或进口商破产、倒闭、拒绝赎单等情况,也不能向出口商、议付行、付款行、偿付行等追索票款或要求退款。但当开证行在审核单据后发现单证不符时,开证行可以拒付,并在 5 个银行工作日之内以电讯工具通知寄单银行或寄单的受益人,说明拒付理由,以及对单据如何处理等情况。

(4)取得质押的权利。开证行在接受开证申请时,为了避免风险,有权要求开证申请人提供押金,以及在申请人无力支付时,拥有处理货物的权利。

(三)受益人

受益人是信用证上最终收取款项的人,一般为国际贸易中的卖方。受益人的权利和义务包括:

(1)核对信用证与合同条款。受益人在收到开好的信用证后,有义务将信用证的条款与买卖合同上的约定一一核对,以保证合同的履行和款项的收取。如果信用证条款与合同不符,或信用证条款无法履行时,受益人有权拒绝接受信用证或要求进口商指示开证行修改信用证。受益人应当谨慎核对信用证上的各项条款,如果与合同不符,则会面临收不回货款的风险。

审证过程中常见的遗漏

出口商在审核信用证的过程中,由于业务不精通、工作马虎等原因,很容易出现一些疏忽或遗漏,造成结汇风险。在信用证审核业务中,最容易出现的遗漏主要有以下几种:

- 没有检验或核实信用证的真实性。
- 没有审清信用证条款的真实含义和用途。
- 忽视关键条款的错别字。
- 对金额、数量及单价条款尤其是涉及溢短装的条款处理不当。
- 对软条款的危害性认识不足,没有发现设置不合理的、做不到的条款。
- 孤立审证,没有注意到条款之间的联系。
- 未把握信用证最新的操作规定。

(2)提供与信用证要求一致的单据,并符合国际惯例要求。受益人应提供的单据,必须与信用证上的要求一致,且单据之间也要做到一致,简称"单单一致、单证一致"。如果受益人提交的单据与信用证不符,或单据与单据之间出现彼此不一致,开证行有权拒付款项。受益人所提交的单据还应当符合《跟单信用证统一惯例》的要求。受益人经审核或在其他情况下接受信用证后,就应按信用证条款办事,在规定的装运期内装货,并在信用证有效期内提交规定的单据,交单取款。

(3)取得议付的权利。受益人按信用证要求发货并备齐单据后,可以请出口地的议付行对单据议付,从而获得货款。但如果因单证不符等原因,信用证遭到拒付,议付行可以向受益人追索,受益人应退回货款。

(四)信用证的其他当事人

通知行是接受开证行的委托,向受益人发出通知,并向其转交信用证的银行。通知是指通知受益人信用证已经开好。由于开证行一般都是与进口商有业务联系的银行,一般位于进口商所在地,信用证开好之后,开证行往往需要通过通知行将信用证转交给受益人。通知行一般是开证行在受益人所在地的代理行。通知行有验明信用证真实性和审查信用证是否合理、是否有疏漏错误的能力,可以帮助受益人把关收到的信用证。

转递行是受开证行委托,向受益人转递信用证的银行。转递行和通知行的区别在于手续费:转递费按件算收;通知费按开证金额,根据规定的费率算收。

议付行是由开证行指定的,向受益人买入全套单据,并向其提供议付的银行。如果开证行在开证时未指定议付行,则接受受益人交单议付的任何一家银行将被视为指定的议付行。在受益人办好货物装运、取得全套单据之后,为了提前收到货款,可持全套单据向议付行办理议付。议付行在单证相符的情形下,将款项扣除押汇利息和手续费后付给受益人,成为全套单据的持有人。议付行凭全套单据向开证行收取货款。议付行在议付时必须保证单单一致、单证一致,否则将无法获得开证行的付款。如果被拒付,议付行有向受益人追索的权利。议付行还可以事先与受益人约定质押条款,如果遭到拒付,则取得押金或单据所代表的货物的处置权。

议付行选择的重要性

某公司与国外客户签订出口合同,总金额为 50 万美元。合同约定支付方式为信用证。合同达成后,买方如期开出信用证,出口商审证无误后,开始备货。但就在出口商准备发货时,客户突然提出不买了。出口商当然不同意,但客户态度强硬,拒绝收货。这时货物已经装船,如果卸货,出口商将蒙受巨大损失，于是决定强行出运，以单证取胜。单证部经过慎重考虑，作出两项决定：第一，对所有单据采取慎之又慎的态度，一定不能出现单证不符；第二，把宝押在议付行身上。于是没有按习惯做法向通知行交单，而是另找一家与开证行有代理关系、自身实力较强、既能控制开证行又能与公司密切配合的银行，结果选择了中国银行。交单13天后，开证行连发两份拒付电报，称单据存在不符点，议付行给予反驳，并指出所谓的不符点是信用证条款模糊不清造成。后议付行向开证行施压，直接打电报与其总裁联系。电文大意是：很遗憾贵行违背了国际惯例，我们不能相信像贵行这样一个国际知名的银行竟然因一个不能成立的不符点而拒付，这将影响到我行与贵行的长期合作关系。请贵行立即付款，否则我行将把此案提交国际商会。最终，开证行全额付款，客户不得不把货物全部收下。

这个案例说明，议付行的选择对出口企业是很重要的。出口企业为维护自己的合法权益，应当谨慎选择议付行。选择一家好的议付行，有利于保护自己的收汇安全。

保兑行是应开证行的要求对信用证加以保兑的银行。保兑人对受益人的承诺是独立的、第一性的。受益人或议付行可以在开证行和保兑行之间任选一家交单获得付款，若付款之后遭申请人拒付，保兑行不得追索。受益人也可以向保兑行议付，但保兑行的议付不能追索。

保兑行的议付不能追索

某出口商A出口一批货物给外国客户B，双方约定以信用证方式结算。B企业如期开出一张以其本国C银行为开证行的议付信用证，由D银行保兑。A公司收到信用证，审核无误，按要求备货装运，并将全套单据在信用证有效期内向保兑行D银行议付。D银行审核单据认为单证相符，就办理了议付，但当其向开证行C交单索偿时，C银行认为单证存在不符点，拒绝付款，D银行因此蒙受了巨大损失。

这个案例反映了保兑行可以进行议付，但其议付不得追索。如果开证行因为不符点而拒收单据，那些不符点是被保兑行忽略的，这样的后果应由保兑行负责。

付款行是信用证中指定的执行付款的银行，通常是开证行自己。受益人或议付行应向付款行交单，付款行付款后也不能追索，但付款行可以拒付，拒付之后，仍由开证行承担付款责任。

偿付行是开证行指定的，代开证行向议付行或付款行清偿垫款的银行。偿付行并不审单，单据仍须寄给开证行，偿付行只负责货款偿付。如果议付行是向偿付行取得货款的，开证行审单后发现不符时，开证行可向议付行追回货款。但如果议付行是向付款行交单并取得款项，付款行又向偿付行索偿的，事后发现单证不符不得向议付行追回。

承兑行是开证行指定的，作为远期汇票承兑人和付款人的银行。

二、信用证的操作流程

1. 申请开证

买卖双方达成合同，确定用信用证结算之后，在合同规定的时间之内，买方要选择一家银行作为开证行，提交开证申请书，申请开立信用证，合同的买方成为开证申请人。开证申请人选择开证行，除了银行需要具备开立信用证的信用、资质等条件之外，一般选择与自己有关的往来银行，通常就是申请人的开户行。但有时合同中会指定开证行，这时须按合同进行。如果合同指定的开证行与开证申请人并无业务往来，开证申请人需要商请其有关系的往来银行，代向卖方要求的银行申请开证，这样手续和费用都会增加，因此应当避免在合同中这样约定。

开证申请人递交的开证申请书，一般都是银行指定了固定格式的表格，以便银行操作。开证申请书一般包括以下内容：信用证中的基本内容，包括受益人（即卖方、出口商）的名称和地址；信用证的货币金额以及有无增减幅度；信用证的类型与种类；汇票的期限及付款人；货物简要名称、数量、单价、包装，以及数量有无伸缩；价格条件；所需单据种类名称、份数以及该由谁制发、做何抬头；货物装卸地点；运输方式是陆运、海运、空运还是联运；可否转运、可否分批；最迟装货期；信用证有效期、交单地点以及交单期限；信用证用何种方式通知、递送等。

进口商对开证行的声明或保证包括：承认开证行在进口商付款赎单以前，对信用证下的单据及其所缴纳的押金、押品有抵押权或留置权；承认开证行及其代理行有权接受“表面上合格的单据”，对单据的有效性、完整性和正确性概不负责；保证在单据到达后，或银行承兑的汇票到期前，如期备款赎单，同意付清开证行及其代理行所收的一切手续费和其他费用等。

银行需要根据申请人的资信情况，向其收取押金或要求提供担保，主要有收取保证金、抵押其出口信用证、要求提供保函等方法。如果是较为信任的客户，银行可能向其提供授信额度，超过授信额度的部分才需要收取押金。收到开证申请人递交的申请书后，银行应仔细审核，检查需填的项目是否正确填制，有无遗漏和矛盾。审核无误后，可以开立信用证。

2. 开立信用证

开证行开立信用证时,必须严格按照开证申请书的要求开立。有时开证行开出信用证后还会交给开证申请人确认才会最终确定。信用证开出后,可以直接寄给受益人,但由于受益人通常很难分辨信用证的真伪,开证行一般都会选择一个位于出口目的地的代理银行作为通知行,将信用证转递给受益人。

开证行开证有电开和信开两种方式,按开证行将信用证转给通知行的方式不同来区分。电开是将信用证加注密押后以电讯方式传送给通知行的方式,信开是将信用证用航空信函的方式邮寄给通知行的方式。通知行收到电开信用证(全电)后,可以加上信用证通知书转交给受益人,或者全文抄录后以通知书的方式转交受益人,这两种文件都可作为有效的信用证文件,开证行不必再把信用证正本寄给通知行和受益人,除非开证行在电文中说明“详细内容后告”,或说明通知行必须收到其航邮正本时方能生效,开证行才必须寄送信用证正本。

信用证虽然以合同内容为依据,但信用证在开立以后即成为一个独立的保证支付承诺。因此,凡是合同内需要在信用证上明确的条款,都应当在信用证上明确列明,如果仅使用“参阅合同某某条款”之类的字样,银行并不理会信用证未列明的合同条款。开立信用证时,申请人应交开证费,期限由开证日起算,全部费用在开证时收取。

3. 通知受益人

信用证在以电开或信开方式通知了通知行之后,通知行应及时地将收到信用证的消息通知信用证受益人,并通知其领取信用证。通知行有义务核对信用证签名或电传密押的真实性,核对无误后,方可转交受益人。通知行还应当审查开证行的资信是否足够、受益人的名称和地址是否正确、装运期与有效期是否合理等情况,并留存一份信用证副本备查。

通知受益人后,如受益人对开证行的资信不了解,或认为它的资信、经营作风不佳,可以要求开证行另找一家受益人满意的银行加以保兑。保兑行通常是出口地的通知行,或另一家信誉卓著的银行,它对受益人承担与开证行同样的责任。有些信用证的开证行主动要求通知行加保兑,则通知行就兼具保兑行身份。

如果通知行无法鉴别信用证的真实性,就应当毫不迟疑地通知开证行无法鉴别。如果通知行仍然决定通知受益人,则必须告知受益人它未能鉴别该证的真实性。

受益人收到信用证后应仔细与销售合约核对,如果有与合同不一致的地方或不能接受的条件,受益人可申请改证。申请改证需要受益人向进口方提出,令进口方向开证行申请修改,修改好的信用证仍须通过转递行或通知行通知受益人。进口方对受益人提出的改证要求,可以全部接受,也可以全部拒绝,但不能只接受一部分修改。另外,开证申请人也可以提出改证,但必须通知各方当事人并征得其同意。

对信用证修改不得部分接受

上海A公司出口一批货物给外国B客户,双方约定采用信用证方式结算。B客户按时开出不可撤销信用证,该信用证的受益人为上海A公司,开证申请人为B客户,开证行为C银行,议付行则为上海D银行。信用证有效期截至2012年5月30日,规定货物的装运期为同年5月15日。但之后B客户经C银行开出信用证修改通知书,将装运修改为分批装运,一半货物在5月15日前装运,另一半装运期延至5月30日,信用证的有效期展延至6月15日,上海D银行在第一时间将信用证修改情况通知了受益人。5月30日,A公司将所有货物装船出运,在备齐了所有信用证所要求的单据后,于6月3日向上海D银行提请议付。D银行审单后拒绝对其付款,原因是:对于信用证修改,受益人可以接受也可以不接受,但不能部分接受。如果A公司没有分批装运,且在5月15日前装运,在5月30日前交单,即按照原证条款操作,是可以的;或A公司按照修改通知书的要求分批装运并在6月15日前交单,也是可以的。但现在这样,信用证修改通知书规定了分批装运,而A公司未按要求照办,但又接受了修改通知书上信用证延期的条件,6月3日才交单议付,A公司所为既不完全符合原信用证要求,也不完全符合修改后的信用证要求,构成了不符,D银行有权拒绝付款。

4. 交单议付

受益人确定信用证无误并可以接受时,应立即备货、订舱、报检、报关,并在信用证规定的装运期限内,按照信用证规定的装运方式,把货物装上运输工具,并缮制和取得信用证所规定的装运单据,连同签发的汇票和信用证正本、修改通知书送交信用证规定的议付行或保兑行办理议付。如果信用证未指定议付行,受益人可以自行选择一家银行办理议付。受益人递交全套单据,议付行须仔细审核单据,在表面上与信用证条款相符的情况下,可以办理议付,扣除预付款的利息和手续费,将信用证金额结给受益人,取得全套单据的所有权。

单证相符包括两个方面的含义:首先,单据在表面上应与信用证规定相符。信用证上所规定的,都应在有关单据上得到反映,而单据上说明的情况不能与信用证规定相抵触。其次,单据与单据之间应该一致。银行只负责"表面一致",对任何单据的形式、完整性、正确性、真实性或法律效力,单据上所载或所附加的一般或特殊条文,单据上有关货物的描述、数量、重量、品质、状况、包装、交付、价值、货物的存在与否,货物发运人、承运人、保险人或其他任何人的可靠性等情况概不负责。议付行如发现单证不符,可采取下述措施中的一种:单据退给受益人修改;接受受益人的保函并议付;致电开证行要求授权议付;按托收办理;单据退回受益人由其交其他银行议付;照样议付但须向开证行说明。

不符点产生的原因

信用证项下付款是以单证相符为条件的,单据的准确程度决定了出口货款能否顺利收回,而在实务中,单据出现不符点并不鲜见,有些企业甚至会屡屡因为不符点而造成损失。既然在信用证交易中单据具有无可比拟的作用,从事国际贸易的人员也都知道其重要性,为什么还有这么多单据存在不符点呢?

首先,公司制单员的业务知识局限和操作疏忽会造成不符点。如一家公司可能与欧洲业务较多,与中东及其他国家的业务量不大,而每个地区开出的信用证有不同特点,当业务员突然遇到中东国家开出的信用证时,难免会感到生疏。有的公司客户比较稳定,信用证和单据操作已经比较规范化,但如有了新客户,出现了异于先前的信用证,业务员在制单时可能就会有所疏忽。其次,相关部门机构的疏忽会造成不符点,如船公司、保险公司、商检机构等,信用证往往都要求能够提交由它们出具的一些单据,这些单据不规范也会造成不符点。再次,信用证本身的缺陷也会是造成不符点的根源,比如信用证本身条款模糊或自相矛盾,更有甚者包含软条款的,就往往会引起致命的不符点。

常见的信用证不符点有:

- 交单期晚于信用证有效期;
- 实际装运期晚于信用证规定的最迟装运期;
- 运输单据不洁净或类别不可接受;
- 启运港、目的港或转运港与信用证的规定不符;
- 对货物溢短装条款掌握有误;
- 发票上面的货物描述与信用证不符;
- 发票抬头人的名称、地址等与信用证不符;
- 保险比例、险种与信用证要求不符;
- 保险单据的签发日期迟于运输单据的签发日期;
- 提交单据的类别与信用证要求不符;
- 提交单据的份数与信用证不一致;
- 各单据上的币种不一致;

- 各单据上的相同事项，如品名、货物的数量和重量描述、唛头等互不一致；
- 汇票、发票或保险单据上金额的大小写不一致；
- 汇票、运输单据和保险单据的背书错误或应有但没有背书；
- 单据没有必要签字或有效印章；等等。

5. 寄单索偿

议付行办理议付后，应将全套单据寄交开证行或其指定银行请求偿付货款。一般议付行会将全套单据寄交开证行并要求开证行付款，如果信用证指定有付款行，则议付行应向指定的付款行寄单索偿。开证行和付款行的付款都是不可追索的。如果信用证指定了偿付行，议付行应向开证行寄单而向偿付行索偿。开证行收到单据后，应在合理时间内审核单据和决定是否提出异议，这个合理时间按照 UCP600 的规定，应该是 5 个银行工作日。如果开证行并未在合理时间内提出异议，应视作默认单据相符，必须履行付款责任。

6. 开证申请人付款赎单

开证行履行付款义务后，得到信用证下的全套单据，应立即通知申请人备款赎单。申请人审查单据与信用证是否相符，如果相符无误，则将款项和手续费付给开证行，取得全套单据，开证行与开证申请人之间由于开立信用证而形成的契约关系就此终止。开证申请人获得全套单据后，持单据向承运人提货，完成交易。

如果开证申请人发现单证不符，可以拒绝赎单。如果开证申请人接受单据但无力赎单，一般可要求开证行同意凭其出立的信托收据先取得单据凭以提货。开证申请人提货时发现货物数量、品质、规格等与合约不符，不能向银行提出赔偿要求，而只能向责任方即出口商、船公司或保险公司索赔。

第三节　信用证的内容和形式

在国际贸易中，各国银行开出的信用证并没有统一的格式，但基本内容大致相同。总体来说，就是国际货物买卖合同的有关条款和要求受益人提交的单据，再加上银行保证。

信用证上通常包括以下内容：

(1)信用证本身的说明。包括信用证类型、兑付方式、信用证编号、开证日期、到期日和交单地点、交单期限等。

(2)信用证的当事人。必须记载开证申请人、开证行、受益人、通知行。此外,有些信用证还需要有指定的付款行、偿付行、承兑行、议付行、保兑行等。

(3)汇票条款。注明汇票的种类、出票人、付款人、付款期限、出票条款及出票日期等。

(4)货物条款。包括货物的名称、规格、数量、包装、价格等。

(5)单据条款。说明要求提交的单据的种类、份数、内容要求等。通常信用证会要求提交商业发票、运输单据和保险单据。此外,还可能有包装单据,如装箱单、重量单,以及产地证、检验证书等。

(6)金额条款。须写明信用证金额是多少,包括币种和总额。币种通常应包括货币的缩写与大写,应按照国际标准和国际惯例写明。总额一般分别用大写文字和阿拉伯数字书写。信用证金额是开证行付款责任的最高限额,有时信用证还规定有一定比率的上下浮动幅度。

(7)装运与保险条款。写明装运港或启运地、卸货港和目的地、装运期限、可否分批装运、可否转运以及如何分批装运、转运的规定。以 CIF 或 CIP 贸易术语达成的交易还须写明项下的保险险别、投保的金额和保险条款等。

(8)特殊条款。是指主要根据每笔业务的不同需要而规定的一些条款,如要求××银行加以保兑,限制××银行议付,等等。

(9)责任文句。说明根据《跟单信用证统一惯例》开立以及开证行保证付款的承诺等。电开信用证可以省略此项。

(10)有权签字人的签名或密押。

欧洲和美洲国家信用证条款的特点

欧洲国家的信用证,是指欧洲国家(如英国、法国、德国、意大利、丹麦、希腊、挪威、瑞士、瑞典、奥地利、比利时、荷兰、卢森堡、西班牙、葡萄牙、芬兰、马耳他等国家)银行开出的信用证。欧洲国家的信用证有一些共同特点,如:

- 有要求普惠制产地证(格式 A)的条款;
- 要求产地证注明进口国为特定地区;
- 要求健康证由指定机构出具;
- 要求除开证行外的银行费用由受益人承担;
- 要求以集装箱装运;
- 要求提单作成空白抬头和空白背书;等等。

美洲国家的信用证,是指美洲国家(如美国、加拿大等国家)银行开出的信用证。美洲国家的信用证条款对海关发票、受益人证明、检验证和某些单据有特殊的要求,还通常会规定不符点扣费、提交额外单据给开证行留存等附加条款。

信用证一般用英语开立，有时用双语开立。

第四节　信用证结算的优缺点

一、信用证结算的优点

信用证结算由于凭借银行信用，有较规范的一套流程，相比凭借商业信用的结算方式有很多优点。主要表现在：

(1)出口商收款风险较小。由于信用证结算的信用基础是银行信用，银行(开证行、保兑行)取代进口商成为第一性的付款人，只要出口商能履行合同并提供与信用证规定相符的单据，那么开证行一般会付款，也就是说，出口商通常能收回货款。这是信用证结算被普遍采用的最主要原因。

> **与突尼斯的贸易宜采用信用证结算**
>
> 近来，多家国内出口企业在与突尼斯的贸易中因付款方式不妥或受骗，或货抵港后由于各种原因客户拒绝付款提货，造成我国出口企业的经济损失。
>
> 如我国某出口商接受"30%先T/T(指款到发货)，70%后T/T(指货到付款)"的付款方式，结果收到30%货款就发货，客商提货后不付其余的70%货款。又如我国某出口公司脱期交货，客户的L/C过期，改用D/P方式出货。货抵港后，客户以因延期交货，其用户取消订货为由，拒绝到银行赎单，导致货物长期滞港，不得已转卖给其他客户。
>
> 突尼斯实行外汇管制，一般来说，客户很难做到先T/T，应要求客户开立不可撤销的即期信用证。该国金融界运营情况良好，各银行的资信总体也较好，只要是信用证付款，应该没有什么风险。但须仔细审证，如有不能接受的条款，必须要求客户改证；如交货有脱期，应要求客户展证，以避免出现不符点，影响结汇，遭受损失。同样，我国企业从突尼斯进口，也应采用L/C付款，切勿T/T付款，这方面我国企业也有着沉痛的教训。
>
> 资料来源：中国驻突尼斯使馆经商处。

(2)融资较方便。出口商通过办理议付可以很方便地获得融资。而在托收等结算方式下，虽然银行也可以办理出口押汇业务，但由于商业信用没有银行信用可靠，银行承担的风险较大，故一般不愿办理。在信用证方式下，银行通常愿意办理议付，因为有开证行作为付款保证。在信用证方式下，进口商也更有可能实现借单提货。

二、信用证结算的缺点

尽管信用证结算的优点十分突出,但信用证结算并不是一种完美的结算方式,其缺点也很明显,主要表现在:

(1)贸易风险依然存在。信用证结算中存在的贸易风险包括进口商的提货风险和出口商的收款风险两个方面。

一是进口商易受欺诈。由于信用证结算是一种纯粹的单据买卖业务,只要单据相符,开证行就要对外付款,进口商也要付款赎单。进口商得到合格单据,但并不一定能得到单据记载的货物,因为出口商可能提供无货单据或与实际货物不一致的单据,如果是这样,那么进口商就受到了欺诈。虽然进口商可凭合同向出口商索赔,但蓄意行骗的出口商可能早已逃之夭夭。

二是出口商收款风险仍然存在。风险主要有:开证行无理拒付或无力支付;出口商履行合同后,由于技术上的原因使得单据不符,导致开证行拒付。

进口粮食、油料、矿石等大宗货物应谨慎拟订信用证条款

对于一些化学成分不太稳定,容易在装运、运输过程中发生物理或化学变化,从而使货物到港后质量达不到要求的大宗货物,如粮食、油料、矿石等,如采用信用证方式结算,作为进口方则要特别小心。曾经出现过这样的案例,就是进口这样的大宗货物,进口方在开证时的货物描述存在含混不清之处,等货到港之后,发现含水量严重超标。进口方不愿意接受质量如此差的产品,而议付行却已办理议付,并且认为单证相符不存在拒付理由而要求开证行付款,双方产生纠纷。为了避免类似的问题,在申请开立信用证时,应严谨规定货物描述的内容,除限定各种化学、物理性状指标的上下限外,还应要求受益人提供的单据上必须给出发运货物的实际指标值,要求受益人提交由第三方官方机构出具的品质检验报告,甚至是开证申请人在卸货港副签的客检证明,如有可能,还可要求单据中加入对方银行提供的质量保函,严把质量关,确保产品符合质量要求。对于开证行而言,在这种情况下,应避免开立自由议付的信用证,最好开立仅限由开证行自身兑用的信用证,避免议付行作为善意的第三者议付信用证,令开证行陷于被动。

(2)进口商资金占用时间长。为降低开证风险,开证行通常要向进口商收取信用证金额一定比例的押金(一般占信用证金额的50%以上),由于信用证结算周期较长,那么该项资金将被银行较长时间地占用,增加进口商的资金负担。至于免收押金的客户则要占用银行提供的信用额度,减少贷款、提保金额。

(3)结算速度慢、费用高。信用证结算环节多、单据量大,使得货款收付所需时间较长，结算速度较慢，不利于贸易双方提高资金使用效益。另外，由于银行承担了风险，所以收取的费用也较高。

信用证的开证费用

以国内某银行为例，若开立进口跟单信用证，仅开证费用的收费标准为：90天以下(含)：开证金额的1.5‰，最低300元，电报费300元/笔；91～120天(含)：开证金额的2.5‰，最低500元；121～180天(含)：开证金额的3.0‰，最低800元。其他收费标准包括：信用证通知费：200元/次；信用证修改通知费：100元/次；议付费：0.125%；议付快邮费：约200元/票；海外费用：0.25%～0.3%；不符点扣费：80美元/票……反观汇付方式下最贵的电汇方式，通常的手续费也只需要0.1%，加上100元人民币左右的电报费，比信用证要节省很多费用。

一般在收款风险较大时，采用信用证结算对出口商比较有利。收款风险一般是指对进口商信用的不了解或不信任。另外，如果进口国存在严格的外汇管制，那么该国一切进口付汇都必须报请外汇管理部门批准。在这种情况下，即使是面对资信很好的进口商，出口商也面临着收款风险，因为进口商的付汇可能得不到本国外汇管理部门的批准。采用信用证结算可以有效解决这一问题。因为在存在严格外汇管制的国家里，银行在对外开立信用证之前，必须首先向外汇管理部门报批，只有经过批准，银行才能对外开证和付汇，只要银行能开出信用证，就意味着其对外付汇的政策限制没有了。

第五节 《跟单信用证统一惯例》(UCP600)介绍

跟单信用证是国际贸易发展的产物，它便利了国际结算，同时也推动了国际贸易的发展。但在国际贸易中使用信用证的初期，由于国际贸易双方和各国银行地处异国、远隔重洋，习惯和法律各不相同，加之语言有异，对信用证各当事人的权利、责任以及有关条款和术语等在国际上缺乏统一的解释和公认的准则。在办理信用证业务时，当事人之间的争议和纠纷时常出现，尤其是在经济衰退时期，进口商和开证银行往往想方设法对单据百般挑剔、吹毛求疵，常因某一点内容不符信用证要求而提出异议，拖延甚至拒绝付款，由此引起争议、纠纷，甚至是法律诉讼。在这种情况下，客观上就要求跟单信用证应有其统一而明确的定义和解释，以约束信用证有关各方，利于国际结算和国际贸易的顺利发展。1929年国际商会通过了国际商会出版物第74号《跟单信用证统一规则》的第一版本。1931年，国际商会着手对之进行修改，并于1933年2月以第82号出版物正式公布,更名为《跟单信用证统一惯例》。《跟单信用证统一惯例》最新的版本是第八版,于2006年公布,2007年7月实施,全称为《国际商会第600号出版物——跟单信用证统一惯例(2006年修订版)》,简称UCP600。

《跟单信用证统一惯例》在一定程度上协调了各当事人之间的矛盾,逐步明确了各自的权利与义务,对许多条款和术语陆续通过修订版作了较完善的统一解释和规定。它规范的是国际贸易中有关跟单信用证的习惯做法,其目的只是统一信用证交易中的习惯做法,通过有关当事人的采纳而减少因业务处理上的不一致所带来的不确定性和纠纷。它虽已为全世界绝大多数国家和地区的银行所接受,但并不是一项国际性的法律规章,不具有强制执行的效力,按《跟单信用证统一惯例》规定,只有信用证明确表示依该惯例开立,有关当事人才受其约束。

《跟单信用证统一惯例》的主要内容包括:

1. 总则与定义

主要规定如下:

(1)在文本中明确表明受本惯例约束的跟单信用证都适用UCP600,除非信用证明确修改或排除,惯例各条文对信用证所有当事人均具有约束力。

(2)信用证是一种银行信用,银行承担首要的付款责任。

(3)信用证是一项"不可撤销的安排",即不再有可撤销的信用证。

(4)申请人、受益人、通知行、保兑行等当事人的概念和交单、承付等术语的定义。

(5)信用证是一份独立的文件,独立于合同,银行在处理信用证业务时不受合同约束。

(6)银行处理的是单据,而不是单据可能涉及的货物、服务或履约行为。

2. 开证行的责任

主要规定如下:

(1)只要规定的单据提交给指定银行或开证方,并且构成相符交单,则开证行必须承付。

(2)开证行自开立信用证之时起即不可撤销地承担承付责任。

(3)指定银行承付或议付相符交单并将单据转给开证行之后,开证行即承担偿付该指定银行的责任。对承兑或延期付款信用证下相符交单金额的偿付应在到期日办理,无论指定银行是否在到期日之前预付或购买了单据,开证行偿付指定银行的责任独立于开证行对受益人的责任。

3. 单据审核标准

主要规定如下:

(1)银行对单据的审核标准是"表面相符",仅基于确定单据本身是否在表面上构成相符交单。

(2)银行审单时间:从交单次日起至多5个银行工作日用以确定交单是否相符。

(3)银行不理会未“单据化”的条件:“如果信用证含有一项条件,但未规定用以表明该条件得到满足的单据,银行将视为未作规定并不予理会。”

(4)如果信用证要求提交运输单据、保险单据或者商业发票之外的单据,却未规定出单人或其数据内容,则只要提交的单据内容看似满足所要求单据的功能,且其中数据与其他单据和信用证不矛盾,银行将接受该单据。提交非信用证所要求的单据银行将不予理会,并可退还给交单人。

(5)银行审核单据后认为交单不符可以拒付。

4. 对单据的规定

主要规定如下:

(1)提交单据正副本的规定:信用证规定的每一种单据须至少提交一份正本。银行应将任何带有看似出单人的原始签名、标记、印戳或标签,或看似由出单人手写、打字、穿孔或盖章,或看似使用出单人的原始信纸出具,或声明其为正本单据(除非该声明看似不适用于提交的单据)的单据视为正本单据,除非单据本身表明其非正本。信用证要求单据提交一式×份的,提交一份正本即可,其余可用副本提交,除非单据本身另有说明。

(2)商业发票必须看似由受益人出具,以申请人为抬头。其上的货物、服务或履约行为的描述应该与信用证中的描述一致。

(3)提单应表明承运人名称,并由承运人或其具名代理人,或者船长或其具名代理人签署。应表明货物已在信用证规定的装货港装上具名船只,有发运日期,并表明货物从信用证规定的装货港发运至卸货港。银行只接受清洁的运输单据。

(4)保险单据必须看似由保险公司或承保人或其代理人或代表出具并签署,所有正本都应提交,日期不得晚于发运日期,投保金额应以与信用证相同的币种表示。

(5)银行对任何单据的形式、充分性、准确性、内容真实性、法律效力,或对单据中规定或添加的一般或特殊条件,概不负责;银行对任何单据所代表的货物、服务或其他履约行为的描述、数量、重量、品质、状况、包装、交付、价值或其存在与否,或对发货人、承运人、货运代理人、收货人、货物的保险人或其他任何人的诚信与否、作为或不作为、清偿能力、履约或资信状况,也概不负责。

5. 其他规定

其他规定包括信用证金额、数量和单价的增减幅度、分批装运和分批交款、到期日及交单地点、对到期日的限制、到期日的顺延、交单时间、装运期限的日期用语等,主要包括:

(1)“约”或“大约”用于信用证金额或信用证规定的数量或单价时,应解释为允许有关金额或数量或单价有不超过10%的增减幅度。

(2)在信用证未以包装单位件数或货物自身件数的方式规定货物数量时,货物数量允许有5%的增减幅度,只要总支取金额不超过信用证金额。

(3)所有信用证均须规定一个到期日及一个付款、承兑交单地点,到期日是指提交单据要求付款、承兑和议付的到期日。

(4)除非信用证另有规定,允许分批支款及(或)分批装运。表明使用同一运输工具并经由同次航程运输的数套运输单据在同一次提交时,只要显示相同目的地,将不视为部分发运,即使运输单据上表明的发运日期不同或装货港、接管地或发运地点不同。如果交单由数套运输单据构成,其中最晚的一个发运日将被视为发运日。含有一套或数套运输单据的交单,如果表明在同一种运输方式下经由数件运输工具运输,即使运输工具在同一天出发运往同一目的地,仍将被视为部分发运。

(5)银行在其营业时间外无接受交单的义务。

UCP600的侧重点

UCP600比旧的版本更强调信用证的“信用”,加强了对受益人的保护,而对信用证其他当事人也提出了更高的要求:

(1)银行的审单时间缩短了。银行的审单时间由过去规定的“不超过收单翌日起7个银行工作日内的合理时间”,改成了“最多为收单翌日起5个银行工作日内”,不但天数有所减少,而且表述更加清晰严格。这对银行的业务能力和工作效率提出了更高的要求,也使开证申请人的付款时间缩短,资金压力增加。

(2)可撤销信用证条款被删除,从此,所有信用证都是不可撤销的,这进一步保护了受益人的利益,强调了银行的责任。

(3)旧的版本规定,银行对任何电文、信函或单据在传递过程中发生延误及(或)丢失所造成的后果概不负责,而新版本规定,如果指定银行确定交单相符并将单据发往开证行或保兑行,即使单据途中丢失,开证行或保兑行也必须加以承付、议付或偿付。这一条款的修正保护了受益人的利益,避免受益人因为单据丢失而得不到货款。开证行的责任被进一步加强,进出口企业也就会更放心地使用信用证进行结算。

(4)在银行的责任被强调的条件下,银行为了规避自身的风险,必然会提高对开证申请人的支付能力和信用的要求,同时还可能会提高开证费用和保证金,减少授信额度等。开证申请人无疑也要面临更大的挑战。

本章小结

1. 信用证是银行出具的一种有条件的付款保证。信用证是建立在银行信用上的一种结算方式。

2. 信用证的基本当事人有三个:开证申请人、开证行和受益人。但在实务中,信用证通常还涉及通知行、议付行、保兑行、付款行、偿付行等。

3. 在信用证方式下,出口商收款风险较小,融资较方便,但将占用进口商资金较长时间,结算速度慢、费用高。一般适用于收款风险较大的交易。

4.《跟单信用证统一惯例》最新的版本是第八版,于 2006 年公布,2007 年 7 月实施,全称为《国际商会第 600 号出版物——跟单信用证统一惯例(2006 年修订版)》,简称 UCP600。

思考与练习

一、名词解释

跟单信用证　不可撤销信用证　开证行　议付行　通知行

二、简答题

1. 什么是不可撤销信用证?

2. 信用证的基本当事人有哪些?

3. 简述信用证操作流程。

三、案例分析

英国某进口商购买我国的罐头,向 P 银行申请开立信用证,金额为 60 280 美元,10 月 4 日议付。我方银行议付后向开证行寄单索汇,开证行 10 月 28 日来电拒付,理由是受益人未按合同规定分两批发货装船。我方银行检查信用证,信用证中并无分批条款,且单证相符,单单相符,回电称银行不介入合同条款,要求付款。开证行 P 于 11 月 4 日来电称合同双方已联系,要求议付行与受益人联系,追索议付款项。我方于 11 月 27 日致电 P 银行认为买卖双方争执与银行无关,要求 P 偿付款项并支付迟付利息。

问题:我方议付行理由是否充分?P 银行拒付是否合理?请根据信用证的特点对该案例作出分析。

第五章　信用证项下的单据

学习目标

- 掌握发票、运输单据、保险单的定义；
- 认识商业发票的地位和作用；
- 了解商业发票的不同类型；
- 掌握海运提单的性质，了解海运提单的相关当事人；
- 熟练掌握PICC海洋运输货物保险条款各险种的内容，了解协会货物条款；
- 了解国际结算中的其他单据。

神秘的古沉船

在我国的南海上有一个小岛，叫做南澳岛，本来是一个名不见经传的地方，却因发现了古沉船而引人注目。2007年5月，在交通部广州打捞局的协助下，南澳沉船水下考古队对沉船进行了详细的调查、勘探，完成了水下摸探、采集和测绘工作，采集外围文物近800件，加上渔民上交的200多件，总数超过1 000件。由于这是南海海域继“南海Ⅰ号”之后，发现的又一艘保存较完好、满载珍贵瓷器的古代沉船。为便于区分，在2007年6月9日省文化厅主持召开的“沉船抢救保护工作汇报会”上，该古沉船被正式定名为“南澳Ⅰ号”。

结合考古勘探资料分析，初步判定该沉船的年代为明万历年间，船载文物主要为明代粤东或者闽南及江西一带民间瓷窑生产的青花瓷器。考古专家表示，“南澳Ⅰ号”是迄今为止国内发现的唯一一艘明代晚期的商贸船，初步推测它是从福建漳州附近驶向东南亚一带。

> 阅读以上材料，结合本章内容思考以下问题：
> 现代国际贸易怎样利用保险业规避海上风险？如果你是“南澳Ⅰ号”上货物的进口方，在现在的条件下，你会投保或要求出口方代办投保什么样的保险险种来减少自己可能的损失？

国际贸易中使用的信用证通常是跟单信用证。跟单信用证附有运输单据等一系列商业单据，证明卖方已经履约、货物已经载运，并往往可以作为物权凭证，交单就等于交货。本章中将逐一介绍信用证项下涉及的各种单据。

单据可以分为金融单据、商业单据和公务证书三类。金融单据是指各种票据，包括汇票、支票和本票；商业单据包括各种运输单据、保险单据、装箱单等；公务证书是由政府机关、社会团体或民间机构签发的各种证明文件，比如纺织品出口许可证、产地证或公证书等。有的单据是出口商依据贸易成交条件而必须提供的有关单据，如商业发票、运输单据、保险单据等，有的单据是进口商要求特别提供的，如海关发票、出口许可证、卫生检验证明等。

单据缮制应当做到准确、完整、及时、简明、整洁。

第一节　商业发票

一、商业发票概述

商业发票简称发票，是出口商向进口商开立的发货价目清单，是装运货物的总说明，也是卖方凭以向买方索取所提供的货物或服务的价款的依据。商业发票是全套单据的中心，其他单据如运输单据、保险单据、包装单等都是围绕商业发票货物而开立的。

发票是由出口商制作的，必须带有详细的货物价目清单，详细列明货物的名称、数量、单价、重量和规格等内容，全面表述合同规定的货物和交货条件。

二、发票的作用

商业发票（如图 5—1 所示）的作用是多方面的，具体表现在：

(1)中心单据。发票是中心单据，其他单据的内容不能与发票相矛盾，必须与发票一致。

(2)履约证明。发票是出口商按照合同履行义务的证明文件。发票上详细标明了合同约定货物的名称、数量、金额、描述等内容，进口商查验发票就能发现出口商是否履行约定。出口商要对发票的真实性负责。

Issuer	
ENTERPRISE RESOURCES SYSTEMS CO., LTD TIANJIN, CHINA	
To OVERSEAS TRADING COMPANY 345 XXXXXX, SINGAPORE	商业发票 ***COMMERCIAL INVOICE***
	No. INV94031 / Date FEB. 15. 2000
Transport details from: TIANJIN W/T: to: SINGAPORE by: sea	S/C No. SKY07 / L/C No. PT960 Terms of payment L/C AT 30 DAYS' SIGHT

Marks and numbers	Number and kind of packages; description of goods	Quantity	Unit price	Amount
ABC ----------- SINGAPORE N01-1200	100,800 YARDS OF PEACOCK BRAND BLEACHED SHIRTING CIFC2 SINGAPORE 30S X 36S 72 X 69 35/36 X 42 YARDS AT USD2.35 PER YARD			USD236,880.00

ENTERPRISE RESOURCES SYSTEMS CO., LTD

图 5—1　商业发票

(3)记账凭证。在财务上,进出口商都要根据发票内容逐笔登记入账。出口商可以通过发票了解收入,核算盈亏,掌握经济效益。进口商可以根据发票逐笔记账,按时结算货款,履行合同义务。

(4)报关依据。在进出口报关时,海关要根据发票上记载的货物种类、数量金额来征收关税。世界上大多数国家的海关在办理报关业务时都要求出具发票。

(5)付款依据。有些结算方式中不需要出口方开具汇票,这时,发票就代替汇票作为进口商付款的依据。

(6)价值证明。当货物出现毁损、灭失等情况需要向保险公司索赔时,商业发票就是货物原价值的证明。

(7)统计依据。进出口商在进行统计时,通常依据发票来进行。

三、发票的基本内容

商业发票没有统一的格式,但一般都需要包括以下内容:

(1)出口商的名称和地址。商业发票的顶端需有出口商的全称、详细地址、传真、电话等信息。出口商的信息要与信用证上受益人的信息相一致。

(2)表明发票的字样。在出口商名称下面,要有明确、醒目的"COMMERCIAL INVOICE"或"INVOICE"的字样。

(3)发票抬头人。也就是要开给发票的人。发票抬头人应当是开证申请人或信用证指定的抬头人,通常为进口商。

(4)发票号码和日期。发票号码是由出口商统一编制的,一般是连续的顺序号。发票日期是发票开出的日期,这个日期可以早于信用证开证日期,但不能迟于信用证最迟交单日期和有效日期。

(5)合同号码。即发票所对应的合同的编号。这个号码应与信用证上列明的合同号码一致。

(6)货品信息。包括货物的名称、型号、规格、描述、包装、件数、数量、重量、唛头、单价、总值等信息。货品信息在发票中非常重要,相当于是发票的正文。需要注意以下几点:

- 货物的名称、型号、规格、描述必须与信用证上的规定严格一致,除非信用证的商品冠有统称的,才可以使用统称。

- 如果信用证中有数量溢短装条款,发票上的数量可依据条款有溢短出入;如果信用证的数量前有"大约"字样,发票上的数量可以有不超过10%的增减;如果信用证上的数量是用度量衡单位表示的,且没有包装单位或个数时,发票数量可以有5%的增减。

● 唛头应按照信用证的要求处理，不得与信用证要求相矛盾，但可以添加信用证中没有禁止的信息。

● 发票中的单价必须标明贸易术语。

● 货物总金额不能超过信用证的金额。

(7)发票人签章。应按照信用证规定签署。如果信用证无规定，可以不签署。

(8)其他内容。一些非必要内容，如开证行名称、信用证号、启运地和目的地、许可证编号等，应依照信用证的要求进行记载。

一些商业发票常用的英语记载

● signed commercial invoice 已签署的商业发票

in duplicate 一式两份

in triplicate 一式三份

in quadruplicate 一式四份

in quintuplicate 一式五份

● beneficiary's original signed commercial invoices at least in 8 copies issued in the name of the buyer indicating (showing/evidencing/specifying/declaration of) the merchandise, country of origin and any other relevant information 以买方的名义开具、注明商品名称、原产国及其他有关资料，并经签署的受益人的商业发票正本至少一式八份

● signed attested invoice combined with certificate of origin and value in 6 copies as required for imports into Nigeria 已签署的，连同产地证明和货物价值，输入尼日利亚的联合发票一式六份

● beneficiary must certify on the invoice... have been sent to the accountee 受益人须在发票上证明，已将……寄交开证人

● 4 percent discount should be deducted from total amount of the commercial invoice 商业发票的总金额须扣除4%折扣

● invoice must be showed: under A/P No.... date of expiry 19th Jan. 2011 发票须表明：根据第……号购买证，满期日为2011年1月19日

● documents in combined form are not acceptable 不接受联合单据

● combined invoice is not acceptable 不接受联合发票

四、其他发票

通常说的发票就是商业发票的简称。但在国际贸易中，有时进口方会要求

出口方提供一些附属单据，这些单据的名称中也具有“发票”的字样，但它们并不是商业发票，性质也不同，下面将逐一介绍这样的票据。

（一）厂商发票

厂商发票又称制造商发票，是由出口商品的制造厂商开给出口商的售货发票，以出口商为抬头，以出口国货币计价，详述出口商品的具体情况。厂商发票上有“兹证明我们是发票商品的制造商”字样。进口商要求提供厂商发票，是希望了解货物的货源。当出口商本身就是商品的制造者时，可以在提供给进口商的商业发票上加注“上述商品由我公司制造，本公司即制造商”的字样，使商业发票兼具厂商发票的功能。

（二）海关发票

海关发票又称价值和产地联合证明书，或证明发票。进出口国的海关一般要求提供商业发票据以报关。但有些国家的海关规定，报关必须提供一种特定格式的单据，这种单据就是海关发票。海关发票由进口国海关规定格式，出口方填制，供进口商凭以报关。海关发票除了有与商业发票相同的内容外，还添加了商品原产地和商品在出口国的销售价格两项。前者是为了根据产品的产地征收差别关税，后者是为了防止倾销。所以，在需要提供海关发票的时候，填制的国内销售价经过汇率折算后必须低于 FOB 价，否则会被认为是倾销，要征收反倾销税。另外，海关发票要求以个人名义签署，不能盖橡皮图章。

（三）领事发票

有些进口国要求提供领事发票。领事发票是出口方根据进口国驻出口国领事馆制订的固定格式填写并经领事签章的发票。有些国家不要求提供领事发票，但要求由领事在商业发票和提单上加签证，称为领事签证发票和领事签证提单。

如果进口国在出口地没有领事馆，可通过由第三国在出口地所设领事馆的领事代为签证发票的途径变通，或者改由出口地商会代为签证，或者取消信用证中的领事发票条款。需要注意的是，不管采用哪种途径，信用证要作相应的修改，以免单证不符。

我国除北京外，一般不接受领事发票或领事签证的要求。如遇国外来证中有领事签证条款，应要求对方删除，或改为以中国国际贸易促进委员会或中国进出口商品检验局签证代替。领事发票与海关发票一样被视为发展自由贸易的障碍，其使用呈逐渐减少的趋势。

（四）样品发票

样品发票即随着样品寄出的发票。由于样品主要是为了说明商品的品质、规格等，使客户了解商品以便订购，样品常常不收全款，而是收取部分款额或赠送，所以样品发票和商业发票也是不同的，应当标明样品到底按照何种标准收取样品款。样品的结算一般不采取信用证方式。

（五）形式发票

形式发票（如图 5—2 所示）又称预开发票，是某些对进口管制较严的国家的进口商要求开具的发票。形式发票在出口商装运前开具，仅能作为进口商申请进口许可证和外汇、开立信用证的需要，不能凭票托收和议付，其上的价格也无约束力。出口商应慎重开立形式发票，并且应在形式发票上注明“此发票仅供商人申请进口许可证使用，本交易以卖方最后确认为准”，在正式达成交易后再开具商业发票。

GUANGZHOU XINXI TECHICAL&TRADING CO.LTD

25/F,NO 449,TIANHEBEI ROAD,GUANGZHOU,CHINA

TEL:020-38815152 FAX:020-38813926 EMAIL:GZ-XINXI@163.COM

PROFORMA INVOICE

TO:
LONUET UNIED TRADING LTD.
LONUET HOUSE 38 MACHEST WAY, LONDON NW4
3AL, ENGLAND

INV NO. 1212

DATE: 2003-6-18

ITEM NO.	COMMODITY & DESCRIPTION	QUANTITY	PRICE	AMOUNT
			FOB	
SHOE08968	SPORTS SHOES	1,234PAIRS	USD 1.3	USD 1,604.20
MORE OR LESS: 3 % ARE ALLOWED.		LESS COMMISSION 2%		USD 32.08
SAY USD ONE THOUSAND FIVE HUNDRED AND SEVENTY-TWO AND TWELVE CENT ONLY		**TOTAL NET: 1,234PAIRS**		**USD 1,572.12**

SHIPMENT: BEFORE 30 JUNE,2003
DESTINATION: LONDON　　LOADPORT: ZHUANGPU
PAYMENT: L/C

INSURANCE: FOR FOB OR C&F TO BE EFFECTED BY THE BUYERS;FOR CIF OR CIP TO BE EFFECTED BY THE SELLER AT 110 % OF INVOICE VALUE COVERING ALL RISK AND WAR RISK AS PER C.I.C.

BANK A/C: Payment To:GUANGZHOU XINXI TECHICAL&TRADING CO.LTD
Bank: 广州市商业银行森保支行
A/C: 985-201-8083257-48
ADD:广州市体育东路

REMARK: remarks

MARKS: GDGSDF/SDFSDF

图 5—2　形式发票

第二节　海运提单

在信用证下的单据中，运输单据是除了商业发票之外最重要的单据，因为它证明了货物已经由出口商交给了承运人，或者已经发运，或者已装上运输工具，或者已由承运人监管。按照运输单据的不同，运输单据可分为海运提单、铁路运单、航空运单等。由于海运是国际贸易最常用、最普遍的运输方式，特别是我国大部分的进出口贸易都是采用海上运输方式，海运提单的重要性就不言而喻了。本章主要介绍海运提单。

一、海运提单的概念

海运提单（如图 5—3 所示）简称提单，是海洋运输中由承运人或其代理人（船公司）签发的，证明托运的货物已经收到或已装载船上，约定将该货物运往目的地交与持有人的物权凭证。它是港（装运港）至港（卸货港）装运提单。海运提单的“提”字揭示了它的物权特征，即进口商在取得海运提单后，就拥有了对装运货物的所有权，可以提货，而铁路运单、航空运单等运输单据就不是物权凭证，而只是一个提货证明。

海运提单具有以下几方面的性质：

（1）海运提单是货物收据。海运提单是承运人收到货物或将货物装船后签发的，代表承运人已经收到了货物。提单正面会记载关于货物的许多事项，如件数、数量、重量及货物的表面状况等，方便托运人核对。

（2）海运提单是运输合同的证明。海运提单相当于托运人与承运人之间的合同，在没有其他约定时，提单背面印就的条款即视为双方共同接受的运输合同条款。承运人有责任在正常情况下，将提单所载的货物运抵目的港，并完好地交付收货人，托运人有责任保证货物的内在状态完好，且包装适合于海洋运输。

（3）海运提单是物权凭证。海运提单代表货物的所有权，提单的合法持有人有权凭提单向承运人提取货物，承运人对凭提单交货所产生的错交不负责任。提单经过背书构成物权转让，提单的转让就是货物的转让，交付提单与交付货物所有权具有同等效力。在货物受损、办理索赔时，货主也必须出示海运提单证明其对货物的所有权。

1. Shipper Insert Name, Address and Phone AIGE IMPORT & EXPORT COMPANY ROOM 2501, JIAFA MANSION, BEIJING WEST ROAD, SHANGHAI 200001, P.R.CHINA	B/L No. COBL0001082 国际货运有限公司 INTERNATIONAL TRANSPORTATION CO.,LTD.
2. Consignee Insert Name, Address and Phone TO ORDER	**ORIGINAL** Port-to-Port or Combined Transport **BILL OF LADING**
3. Notify Party Insert Name, Address and Phone (It is agreed that no responsibility shall attach to the Carrier or his agents for failure to notify) RIQING EXPORT AND IMPORT COMPANY P.O.BOX 1589, NAGOYA, JAPAN	RECEIVED in external apparent good order and condition except as other-Wise noted. The toTALSW number of packages or unites stuffed in the container,The description of the goods and the weights shown in this Bill of Lading are Furnished by the Merchants, and which the carrier has no reasonable means Of checking and is not a part of this Bill of Lading contract. The carrier has Issued the number of Bills of Lading stated below, all of this tenor and date, One of the original Bills of Lading must be surrendered and endorsed or sig-Ned against the delivery of the shipment and whereupon any other original Bills of Lading shall be void. The Merchants agree to be bound by the terms And conditions of this Bill of Lading as if each had personally signed this Bill of Lading. SEE clause 4 on the back of this Bill of Lading (Terms continued on the back Hereof, please read carefully). *Applicable Only When Document Used as a Combined Transport Bill of Lading.

4. Combined Transport* Pre - carriage by	5. Combined Transport* Place of Receipt
6. Ocean Vessel Voy. No. TBA 011W	7. Port of Loading SHANGHAI
8. Port of Discharge NAGOYA	9. Combined Transport* Place of Delivery

Marks & Nos. Container / Seal No.	No. of Containers or Packages	Description of Goods (If Dangerous Goods, See Clause 20)	Gross Weight Kgs	Measurement
CANNED LITCHIS JAPAN C/NO.1-1000 MADE IN CHINA	1000CARTONS	CANNED LITCHIS 850Gx24TINS/CTN FRIGHT COLLECT	22440KGS	22.588CBM
		Description of Contents for Shipper's Use Only (Not part of This B/L Contract)		

10. ToTALSW Number of containers and/or packages (in words)
Subject to Clause 7 Limitation

11. Freight & Charges Declared Value Charge	Revenue Tons	Rate	Per	Prepaid	Collect

Ex. Rate:	Prepaid at	Payable at	Place and date of issue SHANGHAI 2010-06-24
	Total Prepaid	No. of Original B(s)/L 3/3	Signed for the Carrier, **AIGE IMPORT & EXPORT COMPANY**

LADEN ON BOARD THE VESSEL

DATE 2010-06-24　　BY　　**AIGE ZHANG**

图 5—3　海运提单

二、海运提单的当事人

海运提单的基本当事人就是承运人和托运人。由于提单有时会出现交接、转让、背书等情况,因此还会出现收货人、被通知人、受让人、持单人等关系人。

- 承运人,是负责运输货物的当事人,是对托运人承担运输责任并签发提单的人。承运人负责运输货物,对货物运送和货物在运送中发生损坏与灭失负责,但承运人不一定拥有运输工具,它可以是船舶所有人即实际承运人,也可以是货运代理人(契约承运人)。
- 托运人,是与承运人签订运输合同的当事人,又称货方,可以是发货人也可以是收货人。当托运人是发货人时,有权指定收货人。如果提单未经托运人授权而转让,托运人可以对抗凭提单主张物权的善意受让人。即使提单由托运人授权转让,只要买方还未占有货物,托运人向承运人证明未收货款或买方不可能付款,托运人就可以行使停运权,指示承运人停运货物,若货已到达则可以指示不得交货。
- 收货人,是提单的抬头人,是有凭单提货权利的当事人,可能是受让人、持有人或提单中载明的指定人。但在实际中,提单常常写成指示型抬头,即不写出具体的收货人的名称,这时提单需要由托运人或提单抬头中的有权指示人背书后才能交付。
- 被通知人,是收货人或其代理人,是承运人为了方便货主提货的通知对象,可以不是与货权有关的当事人。空白抬头提单须注明被通知人,以方便承运人在货到目的港时通知办理报关提货手续。
- 受让人,是经过背书转让接受提单的一方,也是提单的持有人。受让人接受了被转让的提单,也就意味着它承担了托运人在运输契约中的义务,但由此它也获得了凭提单提取货物的权利。只有指示抬头的提单才可以背书转让。
- 持单人,是经过正当交接手续而持有提单的人。在提单交接的不同阶段,它可能是托运人,也可能是提单中指定的收货人,还可能是提单的受让人。持有人有权凭提单领取货物。

三、海运提单的内容

海运提单是由各船运公司自己设计的具有法律效力的单据,格式不尽一致,但都具备一些相同的基本内容。提单内容包括正面内容和背面内容。

1. 提单正面内容

提单的正面主要是标明当事人的名称地址、货物情况、船次情况、港口情况、运费情况等提单的内容,大多需要在出单时根据实际情况填写。

(1)当事人信息。包括承运人、托运人、被通知人的全称详址以及收货人的信息。其中，除非信用证有特殊规定，承运人应当是运输公司的身份。托运人一般是出口方，也有可能是货代公司，须依据信用证进行。如果有被通知人，其全称和地址应准确详尽，务必使货物到港后能快速联系上。收货人可以是记名式的，也可以是指示性或来人抬头，但须按照信用证的规定。

一个字母引起的纠纷

某企业作为信用证受益人，按照规定的交单期向指定议付行交来全套单据。经审核，议付行认为单单、单证一致，于是一边向受益人办理结汇，一边单寄开证行以取得索偿。不料单据寄至开证行，开证行经审核后，认为议付行交来的全套单据不能接受，拒绝付款，因为提单上申请人的通信地址的街名把其中一个字母"e"写成了"a"。获此信息后，受益人即与申请人取得联系，要求取消此不符点，而申请人执意不肯。事实上，开证申请人已通过借单看过货物后才决定拒绝接受货物，并由此寻找单据中的不符点，以此为借口拒绝付款。

按 UCP600 的规定，银行审单遵循"严格相符"的原则，也即受益人提交的单据必须做到"单据与信用证规定一致"和"单据与单据一致"，银行才会接受单据并付款。这是一条刚性原则，虽然曾有不少人提出应软化这一刚性原则，即银行应接受只有轻微瑕疵的单据并付款，但这一主张并未得到大多数国家的接受，也未得到国际商会的认可。实际上，对"轻微瑕疵"的认定，即何种程度的不符才能构成银行拒付的理由，UCP600 没有作明确的规定，法院或仲裁庭有很大的自由裁量权。古特里奇及梅格拉的《银行商业信用证法》第 7 版第 120 页中写道："什姆纳勋爵在纽约衡平信托公司诉道生合伙公司案中提请大家注意的'严格一致'，并不扩展到字母 i 遗漏一点或字母 t 遗漏一横，或信用证及单据中明显的打字错误。因为信用证与单据所使用语言的巨大差异，以教条的甚至是一般化的方式对待这个问题都是行不通的。"与上述相反的意见是在拜伦诉欧文信托公司案的裁决中，地区法院引用了玛里诺工业公司诉大通银行一案，并作出结论说："仅一处不符，包括对当事人姓氏的误拼，都足以成为保兑行拒付信用证款项的借口。"可见，重要的不是某个人对不符点重要性的看法，而是法院采取的态度。

这个案例带给我们的启示是，议付行一定要本着认真、负责的态度审好每笔单子，把不符点尽可能扼杀在萌芽状态，绝不能存有侥幸心理。在这个案例中，如果受益人在审单时及早发现这个问题并及早更改，是完全可以做到单单、单证一致的，在具体处理时，作为议付行也可以据理力争，多找一些有利于己方的判例，争取纠纷得以圆满解决。

(2)装运港或收货地、卸货港或目的地。装运港和卸货港是航程的起点和终点，也是承运人责任的起点和终点，必须填写得准确具体，一般需要填写国别和港口名，以免不同国家之间存在港口重名而导致无法确认。在联运或集装箱运输时，承运人接货的地点可能位于远离港口的某一陆地上，这时需要填写收货地，否则无需填写。如果货物到港后还需要转陆上运输或集装箱运输，则需要填写目的地。

(3)船名和航次。提单中须写明船名和航次，以便进口方确认船期。如果信用证无规定，也可以不写航次，但船名必须写。

(4)货物描述。货物描述包括唛头、件数、货名、重量、体积、包装。这些信息应由托运人提供并保证其准确性。承运人对货物的表面状况负责。承运人应查验货物可看到的表面性状，并与提单上相关内容进行核对。货物名称可以用统称，但须与信用证用字相符。包装按实际状况填写，如木箱、纸箱等，不可笼统填成"件"或"包"。一般以公吨为重量单位，以立方米为体积单位，小数保留3位。

(5)运费及付款方式。各种类型的提单都有运费计算栏，但一般均不填写运费数额，而只填写"运费到付"、"运费预付"。

(6)其他。包括正本份数、提单签发地点、日期、提单编号、签字等信息，以及声明权利和义务的契约文句等。在信用证未规定的情况下，海运提单一般提供两份正本，但也可仅提供全套一份正本。提单的签发地点是承运人营业所在地，不一定是起运港，日期则是收货日期或装运日期，不得晚于信用证规定的装运期。提单编号是顺序编号，便于处理业务。签字是提单生效的必要条件，只有作为承运人的运输公司的有权签字人、载货船舶船长或与承运人订有代理合同的机构的有权签字人才能签发提单，但代理人签发必须注明代理人的身份和被代理人的名称。契约文句是对承运人已收货、托运人承认接受、承运人只对货物表面负责核实、正本提单份数等情况的确认和强调。

2. 提单背面内容

提单背面内容主要是一些规定当事人权利义务的条款，是航运公司事先印好的，主要包括货方定义、适用法律、承运人责任、包装与标志的规定、运费条款等。根据《跟单信用证统一惯例》(UCP600)，银行不审核提单的背面条款。

四、海运提单的分类

1. 按货物是否已装船可分为已装船提单和收讫备运提单

已装船提单是承运人将货物装上指定船舶后签发的提单，提单上注有"已装船"字样或戳记，写有装船的船名和装船日期。已装船提单对收货人按时收到货物有保障，故合同中一般规定卖方必须提供已装船提单。

收讫备运提单是承运人收到货物后签发的提单，只表明承运人收到货物，而装运所需的船舶往往还未到港，只能将货物暂时存入码头仓库或驳船，所以装运期就无法准确确定了。备运提单在货物装船后，可由承运人加盖"已装船"字样，写上船名和装船日期，变为已装船提单。

2. 按承运方式不同可分为直达提单、转船提单和联运提单

直达提单又称直运提单，即运输途中不转船，也不转其他运输方式，由同一船舶将货物直接从起运港运至目的港的提单。装货和交货均为同一船公司，提单中不能带有中途转船的批注。

转船提单是指货物在装船从装货港起航后，途中需要在其他港口换船转运时签发的提单。提单上除列明装货港和目的港外，还需要列明中途卸货换船的港口名称。签发提单的船公司称为第一承运人，负责货物的全程运输和在中转港的转运手续，但只承担中转港前的运输工作，中转港到目的地的航程由第二承运人承担运输工作。转船运输下，进口商会承担较多的货物损坏、丢失的风险，货期也会有所延长，故只有在无法直达时才会选择转船运输。

联运提单是在联合运输时签发的提单。联合运输是指需经过两种或两种以上运输方式的海陆、海空或海海的运输才能到达目的地的运输方式。联运提单是货物在起运港收货或装船时由第一承运人签发的，到达转运港后，第一承运人负责将货交给下一程运输的承运人。

3. 按提单上有无对货物外表状况的不良批注可分为清洁提单和不清洁提单

若货物在装船时表面状况良好，船公司开出提单时，提单上不加注任何有关货物受损或包装不良等批注，这种提单称为清洁提单。而提单上有货物受损、包装不良等批注内容的称为不清洁提单，是说明货物在装船之时已经存在的问题和状况，比如在提单上批注"一包破"、"铁条松动"等。进口方根据合约有权不接受不清洁提单下的货物，银行也可以拒收不清洁提单。

清洁提单未必要有"清洁"二字

某议付行收到国内受益人交来的全套单据，审单员审单后认为全套单据已做到"单单一致、单证一致"，于是毫不犹豫地向客户付了款。但当此单据寄对方开证行索偿时，却遭到了拒付。开证行认为：受益人提交的单据中含有一张海运提单，该海运提单上原先与货物描述一起打上的"清洁已装船"批注中的"清洁"字样被删除，这样就不符合信用证上提供"清洁已装船提单"的要求，由此推定提单是不清洁的。根据 UCP600 相关规定，银行不能接受此类不清洁提单。受益人收到开证行拒付电后即刻回复道：根据 UCP600 规定，所谓的清洁提单是指对货物包装及外表状况有缺陷批注的提单，既然

我方提供的提单无此描述，就应认为提单是清洁的，故你方的拒付是不成立的。最后，开证行终于如数支付了信用证款项。

在这个案例中，开证行和受益人争议的焦点在清洁提单的定义上。清洁运输单据，是指单据上并无明确声称货物及(或)包装有缺陷的条文或批注的单据。不清洁运输单据又称有批注运单。这种运单的签发是由于发货人所交付的货物包装及外表状况有缺陷，如污染、潮损、破包、缺少等，承运人为分清责任而在运单上作出批注。除非信用证明确规定可以接受不清洁运单，银行拒收载有这种批注的运输单据。按《海牙规则》第3条第3款规定：承运人应签发给送货人表面情况良好的提单，货运的表面状况不需送货人提供，而由承运人在装船时对货物进行目力所及的检查后提供。由于一般的提单上已事先印就“上列表面状况良好的货物已经装船”的字样，因此，如果承运人不加批有缺陷的语句，就表示承认该货物外部状况良好。如果信用证要求“清洁已装船”时，银行的掌握方法应是：只要符合运输单据的相关规定，即为满足要求，并不需要要求承运人加批“清洁已装船”的字句。因此，在这个案例中，“清洁”一词被单据签发人删除的事实不构成不符点，开证行的拒付是没有道理的。

4. 按抬头不同，可分为记名提单、不记名提单和指示提单

抬头为指定收货人的提单称为记名提单。记名提单只能由指定收货人提货，不可流通转让，收货人凭提单提货时必须证明自己的身份。但在某些国家，这种提单收货人可以不需要提供提单正本，即可凭“到货通知”上的背书就向承运人提货。因此，这种提单对出口商或银行而言是非常不利的，在实务中要尽量避免，特别是在出口托收业务中，更不可以采用这种提单，因为托收纯属商业信用，一旦进口商资信不好，只凭“到货通知”去提货，不去银行办理赎单，出口商将会落入钱货两空的境地。

记名提单要慎用

我国甲公司与国外客户乙公司签订一笔4万美元的出口合同，乙公司要求以即期付款交单托收为付款方式。甲公司按照合同要求备货，在货物装船启运后，收到乙公司的要求，让甲公司将提单上的托运人和收货人均注明为乙公司，并将海运提单副本寄给它。甲公司照做。货到目的港后，乙公司以暂时货款不够等原因不付款赎单，要求出口商将付款方式改为承兑交单，并允许它先提取货物，否则就拒收货物。由于提单的收货人已记名为乙公司，甲公司无法将货物再转卖给其他客户，只能答应其要求。然后乙公司以货物

是自己的为由,以保函和营业执照复印件为依据向船公司凭副本海运提单办理提货手续。货物被提走转卖后,乙公司不但不按期向银行付款,而且再也无法联系,使甲公司货、款两空。

在这个案例中,乙公司非常精通国际贸易中的各种规定和习惯做法并有着丰富的实践经验,先以D/P即期为幌子,诱使缺乏经验的甲公司修改提单抬头,之后胁迫甲公司改D/A,最后骗取货物。乙公司利用甲公司对海运提单及托收付款方式不甚了解的弱点,引诱甲公司进入其预先编织好的圈套,使甲公司失去了对货物的控制权,从而达到其非法占有甲公司货物的目的。乙公司要求托运人和收货人均注明为乙公司,这就使得该提单只能由乙公司提货,不能用背书的方式转让给第三者,不能流通,该批货物即使有别的客户要也提不了货。而把托运人也写成乙公司,则连要求船公司把货物退运给甲公司都不可能了。只有提单上的托运人才是与承运船公司达成运输契约的契约方,船公司依合同向托运人负责,并按托运人的指示将货物交给收货人或正本提单的持有人,同时提单只有在托运人背书后才发生物权的转移,因此提单上的托运人应为国内出口商或其贸易代理,而不能是任何第三方,更不能是货物的进口商。一旦货物的进口商成为海运提单的托运人,即意味着货物所有权的转移,同时出口商也失去了要求进口商必须付款的制约。本案中,甲公司虽然持有正本提单,也已经丧失了对货物的控制权,所以对乙公司的举动没有措施制止,只能上当受骗。

不记名提单是在提单收货人一栏不填写具体的收货人,只填写“交来人”(To Bearer)或空白的提单。这种提单转让不需背书,只需交付,出示提单就可以提货,因此万一丢失,货物就很可能被他人提走,对出口方和银行来说很不安全,在实务中也很少使用。

指示性提单是最常用的提单形式,提单的抬头栏写上“凭指示”(To Order)或“凭某人指示”(To Order of ×××)。“凭指示”的提单须经托运人背书才可凭以提货,“凭某人指示”中的“某人”可能是开证行、买主、托运人。指示性提单转让必须背书。如果转让时采用空白背书,转让后的提单就相当于不记名提单。

5. 按运输方式不同可分为班轮提单和租船提单

班轮运输签发的提单为班轮提单。班轮是指由公共运输商经营,公布船期,按规定航线行驶,在目的港有预订泊位的船舶。班轮公司一般印有船期表,向公众揽货,其运费按公开费率收取,所以货期有保证,价格也合理。班轮提单是银行愿意接受的提单。

租船提单是租船运输时,由船长或其代理人签发的以租船合约为依据的提单。租船运输是货主不使用班轮，而是自己租船的运输方式，对应的租船提单也较不规范，没有固定的格式和内容，没有固定的运费，银行在处理租船提单时较为审慎，一般须信用证授权方才接受。

6. 按提单内容的繁简可分为全式提单和简式提单

全式提单是指提单背面列有承运人和托运人权利、义务详细条款的提单。简式提单是指提单背面无条款，而只列出提单正面的必须记载事项的提单，一般都列有“本提单货物的收受、保管、运输和运费等项，均按本公司全式提单上的条款办理”字样。

7. 按提单使用的有效性可分为正本提单和副本提单

正本提单是指提单上有承运人、船长或其代理人签字盖章并注明签发日期的提单。这种提单在法律上和商业上都是公认有效的单证。副本提单是指提单上没有承运人、船长和其代理人签字盖章，而仅供工作上参考之用的提单。信用证一般要求跟正本提单。

凭副本提单付款的隐患

A银行应开证申请人的要求，开立了一张不可撤销自由议付信用证，该证经由B行通知给了受益人。货物装运后，受益人将单据提呈给通知行要求议付，并称由于进出口港距离较近，正本提单已直接寄给申请人，请通知行致电开证行，征求其凭副本提单议付的授权，同意后再进行议付。通知行B审查单据未发现有其他不符点，同意致电开证行征询意见。开证行征求申请人意见，申请人同意。于是开证行复电，同意授权凭副本提单议付，通知行即对受益人付了款，并寄单开证行索偿。两天后，开证行收到了通知行的单据，发现除未提供正本提单外，其他一切条件均符合信用证规定。于是开证行贷记了通知行的账，借记了申请人的账。

次日，申请人要求开证行出具提货担保以便提货。因为货物已到港，而正本提单尚未收到。开证行出具了提货担保，申请人以银行担保提走了货物。一星期后，开证行忽然从另一银行C行收到了一套托收单据，其中的提单恰好是上述信用证下的正本提单，托收委托人却是一家不知名的商人，并非原信用证受益人，而付款人则仍为原信用证的申请人。但开证行已无法找到付款人，只得回复托收行C并保留单据听候托收行意见处理。C行将此情况通知客户。客户说，开证行已开立提货担保，申请人已据此提走了货物。既然作为物权凭证的正本提单仍在其手里，开证行无权任意处理，如收不到货款，将向船公司索赔货款。当托收行将情况通知开证行时，开证行才恍然大悟受了诈骗。后该托收委托人果真向船公司索赔货款。船公司则向开证行反索赔。开证行在权衡利弊之后,觉得应以银行信誉为重,只得自认倒霉,向船公司作了赔偿,再委托律师调查和追寻已逃的申请人。

这是一起不法分子乔装进、出口商精心合谋诈骗银行的案子。受益人两次卖“单”,两次获得货款。申请人免费收到货物。虽然开证行借记了其账户,但申请人凭提货担保获取货物,并将此货物再次出售给另一买主,因而获得货款,以偿付其在开证行处的借记账户。这一案例向我们揭示了凭副本单据授权付款的潜在危害,鉴于目前信用证中加列自寄正本提单的条款屡见不鲜,商人和银行应具备对此风险的认识。除非申请人已提供了十足保证金,开证行不能允许加列这种条款。对加列了这种条款的信用证,开证行绝不能再接受申请人担保提货的要求,因为已不存在担保提货的需要。出口公司也可以从中吸取教训,作为L/C受益人,如果来证规定正本提单直寄申请人或申请人要求自寄正本提单,也应要求将信用证修改为“正本提单作为开证行抬头”,以控制物权流向。

8. 按提单到达目的港的时间可分为正常提单和过期提单

在提单签发日期21天内或信用证规定的交单期内的提单称为正常提单。超过提单签发日期21天或超过信用证特定期限向银行提交的提单称为过期提单。除非信用证另有规定,否则银行不接受过期提单。另外,提单晚于货物到达目的港的,也被称为过期提单,由于货物先到提单未到,进口方不能够及时提货,会产生额外的费用和风险,故进口方也可能不接受这种提单。

9. 其他一些提单形式

集装箱提单,是指以集装箱装运货物所签发的提单。它有两种形式:一种是在普通的海运提单上加注“用集装箱装运”字样;另一种是使用“联合运输提单”,这种提单的内容增加了集装箱号码和封号。因货物包装上的唛头不起作用了,即使提单上打出了箱内小件的数量,因承运人只对看得到的货物的表面状况负责,在交货时只要封口完好,承运人就可免责。

舱面提单,是指承运货物装在船舶甲板上所签发的提单,故又称甲板货提单。

运输行提单,是指运输行以承运人或多式联运经营人或其代理人的身份签发的提单。运输行自身没有运输工具,只是替货主代办托运,以收取佣金。运输行把客户托运的货物拼成一个集装箱,然后交给船公司承运。运输行与承运人的责任分别是:运输行对管辖时的货物负责,而承运人对运输的货物负责。运输行不能以自身名义签发提单,否则银行不接受,但银行接受运输行以承运人或多式联运经营人或其代理人的名义签发的提单。

倒签提单，是指承运人应托运人的要求，签发提单的日期早于实际装运日期的提单，以便使提单符合信用证上对装运日期的规定，从而顺利结汇。提单日期对于买卖双方、对于海关办理延长进口许可证、对于海上货物运输保险契约的生效、对于银行向收货人提供垫款及向发货人转账等均具有重要意义。所以提单日期必须依据接受货物记录和已装船的大副收据如实签发。倒签提单属伪造单据行为，收货人一旦发现可拒绝提货并诉诸法庭，扣留船货，直至取得赔偿。

五、其他运输方式下的运输单据

由于国际贸易运输方式并非只有海运一种，故相应的运输单据也不止海运提单一种。这些运输单据大多不具有海运提单的物权性质，而仅仅代表装运证明，如果单据丢失，货物所有权仍然属于出口方。

航空运单没有物权属性

我国某出口公司与印度某进口商达成一笔总金额为6万美元的出口合同，合同中规定的贸易条件为“CFR NEW DELHI BY AIR”，支付方式为100%不可撤销的即期信用证。合同订立后，进口方按时通过印度一家商业银行开来信用证，通知行和议付行均为国内某银行，信用证中的价格术语为“CNF NEW DELHI”，出口方当时对此并未太在意，收到信用证后，按规定发运了货物，将信用证要求的各种单据备妥交单，并办理了议付手续。然而，国内议付行在将有关单据寄到印度开证行后不久即收到开证行的拒付通知书，拒付理由为单证不符：商业发票上的价格术语“CFR NEW DELHI”与信用证中的“CNF NEW DELHI”不一致。得知这一消息后，出口方立即与进口方联系要求对方付款赎单；同时通过国内议付行向开证行发出电传，申明该不符点不成立，要求对方按照国际惯例的规定及时履行偿付义务。但进口方和开证行对此都置之不理。在此情况下，出口方立即与货物承运人联系，其在新德里的货运代理告知该批货物早已被收货人提走。在如此被动的局面下，最后出口方不得不同意对方降价20%的要求作为问题的解决办法。

在这个案例中，造成出口方陷入被动局面的根本原因在于丧失了货权。而出口方在得到偿付之前货权就已丧失是由于航空运单的特性决定的。因此，如果采用空运方式，出口商应结合预付定金、分批交货等方式防范风险，并尤其要注意做到审证和审单的谨慎，杜绝不符点的出现。

(一)航空运单

航空运单(如图5—4所示)是采用航空运输方式下产生的运单，分为航空运单和运输代理行航空运单两种，分别由航空公司和航空代理货运公司签发。空

999 | 00000002　　　　999-00000002

Shipper's Name and Address
RUSSIA PARAT
INTERNATIONAL IMP. & EXP.
TRADING CO., LTD.
NO.6UL. RUZHBY, MOSCOW,
RUSSIA, 117330
TEL:007-095-1471168

Shipper's Account Number

NOT NEGOTIABLE
AIR Waybill
ISSUED BY　UTi(HK) LIMITED
14/Floor,COL Tower,World Trade Square,
123 Hoi Bun Road,Kwun Tong,Kowloon,H.K
Tel: 2751 8380 Fax: 2795 4849

Copies 1, 2 and 3 of this Air Waybill are originals and have the same validity

Consignee's Name and Address
CUBA BOUNTY
INTERNATIONAL LTD.
AVE. MANDULEY NO.104 E/
3RA. Y 5TA., RPTO. VISTA
ALEGRE SANTIAGO DE CUBA,
C.P.:9040
TEL:0056-2-2339898

Consignee's Account Number

It is agreed that the goods described herein are accepted in apparent good order and condition(except as noted) for carriage SUBJECT TO THE CONDITIONS OF CONTRACT ON THE REVERSE HEREOF. ALL GOODS MAY BE CARRIED BY ANY OTHER MEANS INCLUDING ROAD OR ANY OTHER CARRIER UNLESS SPECIFIC CONTRARY INSTRUCTIONS ARE GIVEN HEREON BY THE SHIPPER,AND SHIPPER AGREES THAT THE SHIPMENT MAY BE CARRIED VIA INTERMENDIATE STOPPING PLACES WHICH THE CARRIER DEEMS APPROPRIATE.THE SHIPPER'S ATTENTION IS DRAWN TO THE NOTICE CONCERNING CARRIER'S LIMITATION OF LIABILITY.Shipper may increase such limitation of liability by declaring a higher value for carriage and paying a supplemental charge if required.

Issuing Carrier's Agent Name and City
INTERNATIONAL TRANSPORTATION CO.,LTD.

Accounting Information
INTERNATIONAL TRANSPORTATION CO.,LTD.

Agent's IATA Code: 0000000　　Account NO.

Airport of Departure (Addr. of First Carrier) and Requested Routing
ST.PETERSBURG

TO	By First Carrier	Routing and Destination	to	by	to	by	Currency	CHGS Code	WT/VAL PPD	WT/VAL COLL	Other PPD	Other COLL	Declared Value for Carriage	Declared Value for Customs
							USD		1	0	1	0	NVD	NCV

Airport of Destination		Flight/Date	Amount of Insurance
SANTIAGOS	CZ3101	2010-5-8	

INSURANCE— if carrier offers insurance,and such insurance is requested in accordance with the conditons thereof,indicate amount to be insured in figures in box marked "amount of Insurance"

Handling Information

SCI

NO of Pieces RCP	Gross Weight	KG lb	Rate Class	Commodity item No.	Chargeable Weight	Rate/Charge	Total	Nature and Quantity of Goods (incl Dimensions or Volume)
500	4.00	K	Q		4.00		777.03	24K Gold Decoration VOLUME: 1.012,CBM
500	4.00						777.03	

Prepaid	Weight Charge	Collect
777.03		

Other Charges

Valuation Charge

Tax

Total other Charges Due Agent

Total other Charges Due Carrier

Shipper certifies that the particulars on the face hereof are correct and that insofar as any part of the consignment contains dangerous goods,such part is properly described by name and is in proper condition for carriage by air according to the applicable Dangerous Good Regulation.

Signature of Shipper or his Agent

Total Prepaid	Total Collect
777.03	

Currency Conversion Rates　　CC Charges in Dest Currency

2010-05-08 Santiagos

Executed on(date)　　at(place)　　Signature of Issuing Carrier or its Agent
RUSSIA PARAT INTERNATIONAL IMP. & EXP. TRADING CO., LTD.
Ivanovich

For Carrier's Use only at Destination　　Charges at Destination　　Total Collect Charges

999-00000002

ORIGINAL 3 (FOR SHIPPER)

图 5—4　航空运单

运运单和海运提单不同,它不是物权的凭证,不能转让,也不是提货的凭证。货物到达目的地后,由航空公司发出提货通知,收货人凭提货通知提货。

(二)铁路运单

铁路运单是采取国际铁路联运方式运输时产生的运单。铁路运单只是运输合约的证明和货物收据,不是物权凭证,同航空运单一样,一律记名,不得转让。在终点站,铁路运单是承运人向收货人核收运杂费和点交货物的依据。

我国内地对香港和澳门地区采取陆上运输方式出口时,由中国对外贸易运输公司承运。中国对外贸易运输公司会签发承运货物收据。承运货物收据属于铁路运单的一种,但具有海运提单的性质,代表货权,据以提货。

(三)公路运单

公路运单是在利用汽车运输时,由承运人或其代理人签发的作为收到货物的收据和运输合同的证明。

(四)快邮和邮寄收据

快邮和邮寄收据是速递公司和邮局出具的承认收到寄件物品,并负责邮至目的地交收件人的收据,也是双方合同的证明。快邮和邮寄收据不是物权凭证,不能凭以提货,货物或邮件是直接按地址投送收件人或凭通知书由收货人去邮局领取的。

(五)多式联运单据

多式联运单据是在货物的运输过程中使用一种以上的运输工具,由联运经营人签发的证明多式联运合同以及证明联运经营人接管货物并按合同条款妥善交付货物的单据,又称联合运输单据。签发此单据的人称为联运经营人,一般不掌握运输工具,一方面以承运人身份向货主揽货,另一方面又以托运人的身份向实际承运人托运。对托运人来说,联运经营人是总承运人,负责完成全程运输并负责赔偿货物在运输过程中发生的灭失和损坏。

多式联运单据分为可转让和不可转让两种。可转让的多式联运单据像提单一样,为指示式,经交付或背书后交付完成转让手续。

第三节 保险单据

一、国际贸易中的保险概述

国际货物贸易的保险是指货物的运输保险,这是一种财产保险,是对运输过程中的货物进行的保险。保险人承保以后,如果保险标的在运输过程中发生约定范围内的损失,应按照规定给予被保险人经济上的补偿。在国际贸易中,货物运输距离长、环节多、环境复杂多变,货物遭受自然灾害、意外事故而造成损失的风险很大,因此在货物运输中对货物投保已经成为必不可少的一个环节。进出口商通过在货物出运前向保险公司办理国际货物运输保险,把不确定的损失转变为固定的费用。投保后,如果货物在整个运输过程中发生规定范围内的损失,进出口商就可凭借保险单据和其他必要手续从保险公司取得经济上的补偿。

国际货物运输保险依运输方式的不同可以分为海上运输保险运输保险、陆路运输保险、航空运输保险、邮政运输保险等。由于几个世纪以来,货物大多通过海洋运输,海上运输保险起源较早,历史最久。陆上、航空等货物运输保险都是在海上货物运输保险的基础上发展起来的。尽管各种不同货物运输保险的具体责任有所不同,但其基本原则、保险公司保障的范围等基本一致。因此,本节主要介绍海上货物运输保险单据。

为货物投保首先应当选择投保险种。对于海上运输保险,险种分为基本险和附加险两大类。基本险是指运输货物必须投保的险别,它是保险人对承保标的承担的最基本的险别。附加险是承保基本险承保范围之外的其他外来原因造成的损失和费用的险种,不能单独投保,只有在投保一种基本险的基础上才能投保。每次投保,基本险只能选一种,而附加险可根据投保人的需要,保多少种都可以。

我国企业最常使用的是中国人民财产保险股份有限公司(PICC)的 CIC 中国保险条款海洋运输货物保险条款。该条款的基本险大致分为平安险、水渍险和一切险三种。平安险又称单独海损不赔险,它的责任范围是:因自然灾害所致全部损失和因意外事故所造成的全部损失或部分损失;在运输途中,运输工具发生搁浅、触礁、沉没、焚毁的意外事故,之前或之后又遭受自然灾害造成的部分损失;共同海损和救助费用的分摊;施救费用。水渍险又称单独海损赔偿险,它除负责平安险所承保的全部责任外,还负责货物在运输途中因自然灾害的恶劣气候、雷电、海啸、地震、洪水等所致的部分损失。一切险的承包范围包括平安险和水渍险的承保范围,还包括 11 种一般附加险,但对货物的内在缺陷或自然损耗造成的损失及运输延迟、战争和罢工等特殊外来原因所致损失不负赔偿责任。

CIC 海洋运输货物保险条款的附加险分为一般附加险和特别附加险两种。一般附加险包括偷窃和提货不着险、淡水雨淋险、短量险、碰损破碎险、混杂玷污险、串味险、受潮受热险、钩损险、锈损险、包装破裂险、渗漏险等。特别附加险是针对特殊外来原因造成损失的附加险,包括战争险、罢工险、拒收险、黄曲霉素险、存仓火险扩展条款等。

投保险种切忌“望文生义”

某公司向加拿大出口坯布200包，按合同规定，加一成投保水渍险。不料在海运途中，舱内食用水管漏水，致使该批坯布中的35包浸有水渍，严重影响了坯布的质量。当公司以此损失向保险公司索赔时，保险公司拒赔。

CIC海洋运输货物保险条款的基本险中有“水渍险”一项，很容易让人望文生义以为该险种就是针对货物遭受水渍设置的，实际不然。水渍险的英文表述是“With Particular Average”，简称WPA，又称单独海损险，其含义是比平安险多涵盖了货物途中因自然灾害造成的部分损失。由于这样的部分损失里，比较常见的一种是由于海上恶劣天气，海浪打上来令货物遭受水渍，所以习惯上把这种基本险称为“水渍险”。案例中的坯布被水浸有水渍，是由于船舱内食用水管意外漏水，并不是由于自然灾害或意外事故造成的，因此并不在水渍险的承保范围之内。针对这种风险，如果当初在投保基本险的基础上，加上一个“淡水雨淋险”的附加险，公司就能得到赔付了。淡水雨淋险对被保险货物因直接遭受雨淋或淡水所致的损失负责赔偿，其中淡水包括船上淡水舱、水管漏水以及汗等。这个案例中货物遭受的损失正是在淡水雨淋险的承保范围之内。

在外贸实践中，有时还会用到协会货物条款(ICC)。协会货物条款是英国伦敦保险业协会所制定的，共有六种险别，分别是：协会货物条款(A)[简称ICC(A)]、协会货物条款(B)[简称ICC(B)]、协会货物条款(C)[简称ICC(C)]、协会战争险条款(货物)(IWCC)、协会罢工险条款(货物)(ISCC)、恶意损害险(Malicious Damage Clause)。以上六种险别中，(A)险相当于中国保险条款中的一切险，其责任范围更为广泛，故采用承保“除外责任”之外的一切风险的方式表明其承保范围。(B)险大体上相当于水渍险。(C)险相当于平安险，但承保范围较小些。(B)险和(C)险都采用列明风险的方式表示其承保范围。六种险别中，只有恶意损害险属于附加险别，不能单独投保，其他五种险别的结构相同，体系完整。因此，除(A)、(B)、(C)三种险别可以单独投保外，必要时，战争险和罢工险在征得保险公司同意后，也可作为独立的险别进行投保。

二、保险单据的概念和种类

(一)保险单据的定义

保险单据是保险公司对被保险人的承保证明，也是双方之间权利与义务的契约，在被保险货物遭受损失时，它是被保险人索赔的主要依据，也是保险公司理赔的主要依据。货物出险后，只有在掌握提单和保险单据的情况下，才是有效地掌握了货权。

保险单据是保险人与被保险人之间签订的保险合同的证明，也是赔偿权的证明文件。被保险人支付保费后，保险人即对货物遭受合同责任范围内的损失负赔偿责任。货运保险单可以像提单一样背书转让，在国际贸易中，如以 CIF 或 CIP 方式成交，卖方发货后，买方承担风险，卖方应在保险单背面背书，并按规定结算方式向买方移交保险单。买方取得保险单即成为被保险人，在货物出险后，有权向保险公司或其指定代理人索赔。

保险单的有关当事人可能有投保人、保险人、被保险人、受益人、保险代理人和保险经纪人。投保人是指对保险标的具有保险利益，同保险人订立保险合同的当事人。保险人是与投保人签约的一方，有取得保费的权利，也有赔偿损失的义务，可以是保险公司或保险商。被保险人是受保险合同保障的人，它有权按保险合同向保险人取得赔款，一般都是进、出口商。受益人是指保险合同中约定的保险事故发生时享有保险金额请求权的人。保险代理人是保险人的代表，根据授权代表保险人承接保险业务，这是由于保险公司无法完成某些业务，需要请其他保险公司做代理人才能办理。保险经纪人是在保险人和被保险人之间联系业务的中间人，替保险公司招揽业务。

（二）保险单据的种类

1. 保险单

保险单是保险人在保险合同成立后签发的文件，它是保险契约成立的证明，也是诉讼的依据。保险单除具有基本内容外，还附有保险契约的全部条款，对保险人和被保险人的权利与义务作了详尽的规定，它是完整的承保形式，因此又称为正式保单，俗称大保单。如果信用证要求提交保险凭证，提交保险单代替也是可以的。

2. 保险凭证

保险凭证是表示保险公司已经接受保险的一种证明文件，它是一种简化的保险单据，俗称小保单。它包括了保险单的基本内容，但不附有保险条款全文，保险公司和被保险人的权利与义务应以保险公司的正式条款为准。除非信用证另有规定，银行应当接受保险凭证，但我国倾向于接受保险单。

3. 承保证

承保证又称联合凭证，是一种比保险凭证更简单的单据。它只是在出口商的商业发票上加章注明承保的金额、险别及编号，而不另出具保险单据，一般只用于有约定的双方，目前仅用于由中国银行的港澳联行开证的出口业务。

4. 预约保单

预约保单又称统保单，是一个长期性的保险合同，确定了总保险的货物范围和总保险金额，然后在预约保单项下为每一批货物签发简单形式的保险凭证，用于证明该批货物已由某号预约保单承保。使用预约保单可以减少逐笔投保的手续，并可防止迟保和漏保，而且国外的保险公司对预保合同往往给予优惠的费率。预约保单多用于进口业务。

5. 暂保单

暂保单又称临时保单，是保险人签发正式的保险单前所出具的临时证明，当投保的货物数量、保险金额、船名等尚未确定时，保险人可根据概算的金额签发这种临时性的文件。其内容比较简单，只载明保险标的等重要事项，基本上不会成为信用证要求的单据。暂保单虽是临时的、非正式的，但在有效期内(一般为30天)与正式保单的效力是一样的。暂保单主要用于买方投保的情况，因为买方需要等到收到卖方的装船通知再投保，而如果在收到装船通知前发生意外，损失就无法得到赔偿。有了暂保单，保险人对货物启运到申报这一段时间内也承担责任。买方在收到卖方发出的装船通知时，再向保险人申请正式的保险单。

6. 保险声明

在买方办理保险的情况下，有时会要求卖方在货物发运时向进口商指定的保险公司发出一份通知。通知书的内容除货物的名称、数量、重量、金额、运输工具、运输日期等外，还要列明进口商的名称和预约保单号或暂保单号，以供保险公司出具保险凭证或保险单用，这份通知就是保险声明。

三、保险单据的填制

一份保险单(如图5—5所示)通常应该具备以下内容：

- 保险人名称；
- 投保人或被保险人名称；
- 保险标的物，一般应包括货物项目名称、货物包装与数量以及唛头，有时也注有根据某号码的发票与提单；
- 保险金额，即保险人的赔偿限额，须用规定货币表明，同时以英文大写列示，除非信用证另有规定，应不小于CIF或CIP价格的110%；
- 保险的航次或期间，需注明起止港名称、运输方式及开航时间、船名和航次、是否需要转运或联合运输；
- 承保险别；
- 保险费(有时不写出，只注明“根据约定已付”)；
- 出单地点和日期，日期不得晚于运输单据签发日期；
- 检验代理和赔付地点；
- 大约的开航日期；
- 保险人签字。

中国人民保险公司

PICC　The People's Insurance Company of China

总公司设于北京　一九四九年创立

Head Office Beijing　Established in 1949

货物运输保险单

CARGO TRANSPORTATION INSURANCE POLICY

发票号(INVOICE NO.)　CA-060805　　保单号次 POLICY NO. 06390823

合同号(CONTRACT NO.)　CA2006015

信用证号(L/C NO.)　1541322

被保险人：UNTO ORDER

INSURED: TO THE ORDER OF ARAB NATIONAL BANK

中国人民保险公司(以下简称本公司)根据被保险人的要求，由被保险人向本公司缴付约定的保险费，按照本保险单承保险别和背面所载条款与下列特款承保下述货物运输保险，特立本保险单。

THIS POLICY OF INSURANCE WITNESSES THAT THE PEOPLE'S INSURANCE COMPANY OF CHINA (HEREINAFTER CALLED "THE COMPANY") AT THE REQUEST OF THE INSURED AND IN CONSIDERATION OF THE AGREED PREMIUM PAID TO THE COMPANY BY THE INSURED, UNDERTAKES TO INSURE THE UNDERMENTIONED GOODS IN TRANSPORTATION SUBJECT TO THE CONDITIONS OF THIS POLICY AS PER THE CLAUSES PRINTED OVERLE - AF AND OTHER SPECIAL CLAUSES ATTACHED HEREON.

标　记 MARKS&NOS.	包装及数量 QUANTITY	保险货物项目 DESCRIPTION OF GOODS	保险金额 AMOUNT INSURED
RAINBOW L/C 1541322 EDMONTON MADE IN CHINA C/NO.1-260	260CTNS	COVERALLS AND DENIM SHIRTS	USD59,103.00

总保险金额：
TOTAL AMOUNT INSURED: SAY U.S. DOLLARS FIFTY NINE THOUSAND ONE HUNDRED AND THREE ONLY

保费：PERMIUM: AS ARRANGED　起运日期：DATE OF COMMENCEMENT: SEPT. 10, 20××　装载运输工具：PER CONVEYANCE: HANJIN V.100

自 FROM SHANGHAI　经 VIA VANCOUVER　至 TO EDMONTON

承保险别：

COVERING INSTITUTE CARGO CLAUSE A, INSTITUTE WAR CLAUSE CARGO AND INSTITUTE STRIKE CLAUSE CARGO, WAREHOUSE TO WAREHOUSE CLAUSE WITH CLAIMS PAYABLE IN CANADA TRANSHIPMENT RISKS HAS BEEN COVERED. INSURANCE HAS BEEN COVERED FROM SUPPLIERS WAREHOUSE IN CHINA TO VANCOUVER PORT AND THEN UP TO APPLICANT'S WAREHOUSE ANYWHERE IN CANADA.

所保货物,如发生保险单项下可能引起索赔的损失或损坏,应立即通知本公司下述代理人查勘。如有索赔,应向本公司提交保单正本(本保险单共有　份正本)及有关文件。如一份正本已用于索赔，其余正本自动失效。

IN THE EVENT OF LOSS OR DAMAGE WHICH MAY RESULT IN A CLAIM UNDER THIS POLICY, IMMEDIATE NOTICE MUST BE GIVEN TO THE COMPANY'S AGENT AS MENTIONED HEREUNDER. CLAIMS, IF ANY, ONE OF THE ORIGINAL POLICY WHICH HAS BEEN ISSUED INTOGETHER WITH THE RELEVANT DOCUMENTS SHALL BE SURRENDERED TO THE COMPANY. IF ONE OF THE ORIGINAL POLICY HAS BEEN ACCOMPLISHED, THE OTHERS TO BE VOID.

中国人民保险公司
The People's Insurance Company of China

赔款偿付地点
CLAIM PAYABLE AT　VANCOUVER

STAMP AND SIGNATURE

出单日期
ISSUING DATE　SEPT. 6, 20××

Authorized Signature

图 5—5　保险单

保险单正面除上述填写的内容外,还印有正文,主要说明保险单是保险人与被保险人双方的保险合同,还规定了保险人的责任范围、责任起讫时限及除外责任等。保险单背面通常印有货物运输保险条款,表明正面所承保的基本险别的保险条款内容。保险单背面另粘贴有附加条款,表明承保的附加险别的保险条款内容。

在以 CIF 价格成交时,应由出口方办理保险,填写保险单,而以 FOB、CFR 价格成交时,应由出口方在装船后及时发出通知,进口方接到通知后办理保险。保险单的填写应当字迹清楚整洁,开出后一般不作更改。如果保险单开出后确实需要变更保险内容的,应由保险人开出保险批单,贴在原保险单上,作为保险单不可分割的一部分。批改的内容与保险合同有抵触的地方,应以批单为准。一经批改,保险人须按批改后的内容承担责任。若批改的内容涉及扩大保险责任或增加保险金额,必须在被保险人不知有损失事故发生的情况下,在货物到达目的地之前提出。

第四节　其他单据

在国际结算中,除了汇票、发票、运输单据、保险单等主要单据外,有时根据交易双方的约定及信用证的要求,出口方还需要提供一些其他单据,这些单据包括检验证明、产地证明、包装单据、寄单证明、船公司证明、出口许可证等。这些单据虽然内容、作用各异,但都必须与信用证和其他单据相一致。

一、检验证明书

检验证明书简称检验证或商检证书,是由政府检验机构或公证行或制造厂商等对进出口商品进行检验或鉴定后,根据受检货物的实际检验结果,结合外贸合同与信用证的要求,对外签发的关于商品品质、规格、重量、数量、包装、检疫等各方面或某方面鉴定的书面证明文件。进口方有时会要求出口方提供产品的检验证明,以说明和保证交易产品的情况。

检验证书种类有许多,具体使用哪种,主要取决于商品性质和有关国家的商检规定。在进出口业务中常见的检验证书有品质检验证书、重量检验证书、数量检验证书、兽医证书、卫生检验证书(如图 5—6 所示)、消毒检验证书(如图 5—7 所示)、衡量检验证书、温度检验证书、验舱证书、植物检疫证书、熏蒸证书(如图 5—7 所示)等。

中华人民共和国出入境检验检疫
ENTRY-EXIT INSPECTION AND QUARANTINE
OF THE PEOPLE'S REPUBLIC OF CHINA

正　本
ORIGINAL

编号 No.: 470000207003970

卫 生 证 书
SANITARY CERTIFICATE

发货人名称及地址
Name and Address of Consignor　BIOLAND TECHNOLOGY LTD

收货人名称及地址
Name and Address of Consignee　JSC "AMITY INTERNATIONAL"
050026, KAZAKHSTAN, STR. MURATBAEVA, 23, REPUBLIC OF KAZAKHSTAN

品名
Description of Goods　G-423 BLOOD GLUCOSE MONITORING SYSTEM 1000PCS
2001 UPPER ARM SEMI-AUTOMATIC BLOOD PRESSURE MONITOR 600PCS

加工种类或状态
State or Type of Processing　***

报检数量/重量
Quantity/Weight Declared　2200 PCS / 1115.20 KGS

包装种类及数量
Number and Type of Packages　142 CARTONS

储藏和运输温度
Temperature during Storage and Transport　***

标记及号码
Mark & No.　N/M

加工厂名称、地址及编号（如果适用）
Name, Address and approval No. of the approved Establishment (if applicable)　***

启运地
Place of Despatch　SHENZHEN

到达国家及地点
Country and Place of Destination　ALMATY, KAZAKHSTAN

运输工具
Means of Conveyance　BY AIR

发货日期
Date of Despatch　DEC. 21, 2007

RESULTS INSPECTION:
THE ABOVE COMMODITY WAS PROCESSED IN SANITARY MANNER AND ARE FIT FOR HUMAN CONSUMPTION.
** ** ** **

印章
Official Stamp

签证地点 Place of Issue　SHENZHEN　签证日期 Date of Issue　DEC. 17, 2007

授权签字人 Authorized Officer　WU WEI　签　名 Signature

中华人民共和国出入境检验检疫机关及其官员或代表不承担签发本证书的任何财经责任。No financial liability with respect to this certificate shall attach to the entry-exit inspection and quarantine authorities of the P.R. Of china of to any of its officers or representatives.

[C2-2(2000.1.1)]

A 0062509

图 5—6　卫生证书

中华人民共和国出入境检验检疫
ENTRY-EXIT INSPECTION AND QUARANTINE
OF THE PEOPLE'S REPUBLIC OF CHINA

正本
ORIGINAL

熏蒸/消毒证书　　编号 No.:
FUMIGATION/DISINFECTION CERTIFICATE

发货人名称及地址
Name and Address of Consignor ________________

收货人名称及地址
Name and Address of Consignee ________________

品名
Description of Goods ________________　产地 Place of Origin ________________

报检数量
Quantity Declared ________________　标记及号码 Mark & No.

启运地
Place of Despatch ________________

到达口岸
Port of Destination ________________

运输工具
Means of Conveyance ________________

印章
Official Stamp

签证地点 Place of Issue ________________　签证日期 Date of Issue ________________

授权签字人 Authorized Officer ________________　签　名 Signature ________________

中华人民共和国出入境检验检疫机关及其官员或代表不承担签发本证书的任何财经责任。No financial liability with respect to this certificate shall attach to the entry-exit inspection and quarantine authorities of the P. R. of China or to any of its officers or representatives.

[c7-1(2002.1.1)]

图 5—7　熏蒸/消毒证书

检验证书一定要注明检验日期。因为如果检验证书没有注明检验日期，进口商无法确定货物是在装运之前作出的检验还是在装运之后作出的检验，如果是在装运之后检验，许多商品的检验过程实际上是无法进行的。即使能够进行，其检验结果也很难符合要求。

检验证书除了有向进口商证明出口产品的质量、重量等方面符合交易标准，避免运输中产品出现损毁时责任不清的作用之外，还可作为产品计价的依据、报关凭证、征收关税的凭证、索赔证明等。我国进行进出口检验的机构是国家出入境检验检疫局。

二、产地证明书

产地证明书（如图 5—8 和图 5—9 所示）简称产地证，是一种证明货物原产地或制造地的文件。产地证明书除了向进口商表明货品的来源之外，更重要的作用是为海关征收差别税率、进行统计和是否限制进口提供依据。

产地证的签发机构应当按信用证的要求的选择。目前我国出口贸易中的产地证有由出口商品生产厂家出具、中国国际贸易促进委员会出具、中国国家出入境检验检疫局出具、商务部出具几种类型。

三、包装单据

包装单据是指一切记载或描述商品包装情况的单据。只要不是散装货，进口商和海关一般都要求有相应的包装单据。包装单据种类很多，最主要的有装箱单、重量单和尺码单等。包装单据上一般不显示货物的单价和金额。

装箱单（如图 5—10 所示）是说明货物包装情况的单据，写明货物的名称、规格、数量、唛头、箱号、件数、重量以及包装情况。装箱单的内容必须与信用证和其他单据一致，也必须与实际包装相符。

重量单说明每个包装单位中的重量情况。按装货重量成交的货物通常要求提供重量单，如谷物、矿砂、钢铁等。重量单要写明货物的毛重和净重，必须与信用证和其他单据一致。

尺码单是说明货物每件的尺码和总尺码的单据。

ORIGINAL

1. Exporter SHENZHEN HUAMAO IMPORT AND EXPORT CO.,LTD VIA WELL HONOUR (HK) HOLDINGS LIMITED	Certificate No. CCPIT088621448 08C4403A1586/00311 CERTIFICATE OF ORIGIN OF THE PEOPLE' S REPUBLIC OF CHINA
2. Consignee JOHNSON AND WALES UNIVERSITY 801 WEST TRADE STREET CHARLOTTE, NC 28202	
3. Means of transport and route FROM SHANGHAI,CHINA TO CHICAGO,USA BY SEA ON/ABOUT NOV.10,2008	5. For certifying authority use only
4. Country / region of destination CHICAGO,USA	

6. Marks and numbers	7. Number and kind of packages; description of goods	8. H.S.Code	9. Quantity	10. Number and date of invoices
	PACKAGING, EARPLUG WITH ALUMINUM CANISTER S/C#081092 TOTAL:Twenty Five (25) CARTONS ONLY. **	40081900	25000SETS	PO#081092 NOV.07,2008
GRICO/CANNISTER WITH EAR PLUGS COLOR:GREEN QUANTITY: MADE IN CHINA				

11. Declaration by the exporter The undersigned hereby declares that the above details and statements are correct, that all the goods were produced in China and that they comply with the Rules of Origin of the People's Republic of China. (Stamp: SHENZHEN HUAMAO IMPORT AND EXPORT CO.,LTD 深圳市华贸进出口有限公司) SHENZHEN,CHINA NOV.10,2008 Place and date, signature and stamp of authorized signatory	12. Certification It is hereby certified that the declaration by the exporter is correct. (Stamp: 中国国际贸易促进委员会 单据证明专用章 (深) CHINA COUNCIL FOR THE PROMOTION OF INTERNATIONAL TRADE (SHEN ZHEN)) SHENZHEN NOV.10,2008 Place and date, signature and stamp of certifying authority

图 5—8 一般原产地证书

ORIGINAL

1. Goods consigned from (Exporter's business name, address, country) HENAN MINGTAI AL. INDUSTRIAL CO.,LTD HUIGUOZHEN,GONGYI,HENAN,CHINA 451283	Reference No. G07410004O820005 **GENERALIZED SYSTEM OF PREFERENCES** **CERTIFICATE OF ORIGIN** (Combined declaration and certificate) **FORM A** Issued in THE PEOPLE'S REPUBLIC OF CHINA (country) See Notes overleaf
2. Goods consigned to (Consignee's name, address, country) TO ORDER	
3. Means of transport and route (as far as known) FROM TIANJIN,CHINA TO BREMEN,GREMANY BY SEA	4. For official use

5. Item number	6. Marks and numbers of packages	7. Number and kind of packages; description of goods	8. Origin criterion (see Notes overleaf)	9. Gross weight or other quantity	10. Number and date of invoices
1	N/M	ALUMINUM ALLOY COIL AA1050 MF FOUR (4) COILS ONLY *** *** *** *** *** ***	"P"	32178KGS G.W.	AMMT07081 AUG. 21,2007

11. Certification It is hereby certified, on the basis of control carried out, that the declaration by the exporter is correct. ZHENGZHOU, CHINA, SEP. 10, 2007 Place and date, signature and stamp of certifying authority 1173810	12. Declaration by the exporter The undersigned hereby declares that the above details and statements are correct; that all the goods were produced in CHINA (country) and ... requirements ... System of Preferences ... GERMANY (importing country) ZHENGZHOU,CHINA,SEP. 10,2007 Place and date, signature of authorized signatory

S 031458260

图 5—9　普惠制产地证书

Date..............................

PACKING LIST

Commodity MEN'S SHIRTS ...... Destination MARSEILLE ......

Contract No 87SK3059M ...... Consignee LES SUCRS D'ULYSSE

Means of Transportation BY VESSEL ...... PILA & CIE 51,RUE DELUVRE 69316 LYON

Marks & Nos SX/N° 1 to 42
MARSEILLE
FABRIQUE EN
MADE IN CHINA

252 DOZEN TOTAL

Packing: Each piece in a polybag

	37	38	39	40	41	42
12 pieces in a box with size assortment	2	3	3	2	1	1

6 dozens per export carton

42 cartons only (say forty two cartons only)

CTN NO.	PER CTN (PCS)	SIZE (PCS/CTN) 37	38	39	40	41	42	COLOR	GW KGS	N.W. KGS	M M^3
1	72	12	18	18	12	6	6	JS 808 BLUE	23	20	1
2	72	12	18	18	12	6	6	JS 808 BLUE	23	20	1
3	72	12	18	18	12	6	6	JS 808 BLUE	23	20	1
⋮	⋮	⋮	⋮	⋮	⋮	⋮	⋮	⋮	⋮	⋮	⋮
40	72	12	18	18	12	6	6	JS 808 BLUE	23	20	1
41	72	12	18	18	12	6	6	JS 808 BLUE	23	20	1
42	72	12	18	18	12	6	6	JS 808 BLUE	23	20	1
TOTAL	3,024	504	756	756	504	252	252		966	840	42

GROSS WEIGHT: 966KGS

NET WEIGHT: 840KGS

MEASUREMENT: $42M^3$

CHINA NATIONAL TEXTILES I./E. CORP.
GUANGXI BRANCH
海 艳

图 5—10 装箱单

本章小结

1. 商业发票简称发票，是出口商向进口商开立的发货价目清单，它是全套单据的中心，其他单据如运输单据、保险单据、包装单等都是围绕商业发票货物而开立的。

2. 发票是由出口商制作的，必须带有详细的货物价目清单，详细列明货物的名称、数量、单价、重量和规格等内容，全面表述合同规定的货物和交货条件。

3. 运输单据可分为海运提单、铁路运单、航空运单等，其中海运提单是最常见的运输单据。

4. 海运提单是物权凭证，而其他运输单据则不一定具有这种性质。

5. 海上运输保险的险种分为基本险和附加险两大类。PICC 的海上运输保险基本险分为平安险、水渍险和一切险三种，附加险分为一般附加险和特别附加险两种。

6. 国际结算中涉及的单据还有检验证明、产地证明、包装单据、寄单证明、船公司证明、出口许可证等。

思考与练习

一、名词解释

商业发票　海运提单　清洁提单　保险单据

二、简答题

1. 商业发票的作用是什么？
2. 海运提单具有什么性质？
3. 什么是已装船提单？什么是倒签提单？
4. 请写出 CIC 中国保险条款海洋运输货物保险条款中基本险的三个险种。

第六章　银行保函与备用信用证

学习目标

- 掌握银行保函和备用信用证的概念、用途；
- 认识银行保函、备用信用证和跟单信用证之间的异同。

中信银行积极发展保函业务

在当今全球经济活动中，无论是商品买卖、劳务、技术贸易、工程项目承包和承建，还是物资进出口报关、大型成套设备租赁、诉讼程序中的诉讼保全，抑或是通过金融机构在金融市场上融资，银行保函都扮演着重要的角色。2011年，中信银行青岛分行共进行保函业务14笔，为进出口企业融资2.85亿元。目前，中信银行的保函业务种类包括融资类保函和非融资类保函两大类十多个业务品种，为国内企业的海外发展提供众多便利：可以为大型工程、大型设备的进出口创造有利机会；以银行信用为担保，更易赢得交易对手的信任；低廉的手续费为企业大大节省运营成本，为企业提供了融资便利。

中信银行青岛分行国际业务负责人表示，只要符合中信银行贷款基本条件的企业都可以申请办理银行保函业务。在中信银行办理保函业务的流程比较简便。申请人向中信银行提交由其签章的开立保函申请书，同时提交保函的背景资料，包括合同、有关部门的批准文件、近期财务报表和其他有关证明文件等。申请人须确定相关的保函格式并加盖公章，落实银行接受的担保，包括缴纳保证金、质押、抵押或第三者信用担保等。银行对其审核批准后对外开立保函。

经外管局批准，中信银行已获得为境外投资企业提供融资性对外担保的额度，可更好地为“走出去”企业的境外融资提供担保。中信银行始终注重保函业务新产品的开发，积极配合国家出台的各项经济发展政策，支持了我国加工贸易、境外工程承包及劳务输出的发展，有力地推动了我国进出口业务的增长。

资料来源：半岛新闻网，http://news.bandao.cn。

阅读以上材料，结合本章内容思考以下问题：

银行保函的含义和作用是什么？中信银行的银行保函业务量的增长说明了什么问题？

不管是汇款、托收还是信用证，无论采取哪种国际结算方式，都不可能完全规避风险。因此，在国际贸易的长期实践中，银行保函、备用信用证等形式出现了。银行保函和备用信用证并不是某种结算方式，而是配合结算方式使用，用于提供信用保障，规避可能存在的风险的方式。另外，银行保函和备用信用证也被用于非结算的经济交易中以规避风险。

第一节　银行保函

一、银行保函的概念

保函，也称担保函或保证书，是在第三者违约时承担其承诺或清偿其债务的合约。银行保函是银行根据契约一方当事人的请求和委托，向契约的另一方当事人作出的书面承诺，承诺在委托人违约时，按银行保函规定的条件承担经济赔偿责任。

在国际经济交往中，有些交易如国际借贷、项目融资、基础设施招标、机械设备安装、机械设备租赁、工程项目承包以及"三来一补"贸易等，因期限较长、金额较大，风险也会很多。如果在交易进行过程中，其中一方不能履约，就会给对方带来重大损失。为保障双方能按期履约和顺利地进行交易，常常需要一个第三者作为担保人，以其资信和实力向受益人保证对申请人履行交易合同项下的责任义务或偿还债务承担责任。银行通常有雄厚的资金实力和可靠的信用，因此是担当这个担保人的很好选择。这样，银行保函就应运而生了。

银行保函具有两种不同的担保作用：一是保证银行保函的受益人在履行合同义务后，肯定能得到其应得到的合同价款；二是保证银行保函的申请人将履行某种合同义务，一旦出现相反情况，银行可以根据保函，负责对受益人作出赔偿。

二、银行保函的当事人

银行保函的产生首先要以一份合同为前提。这份合同成为基础合同，它可能是买卖合同、承包合同、租赁合同等，有其合同双方。银行保函为保证此合同的履约和其中当事人的权利而产生。银行保函的主要当事人有：

1. 开函申请人

开函申请人是指要求银行出具保函的人，是基础合同的一方当事人。开函申请人申请开函，必须承担一旦开函银行在保函项下发生支付，立即向开函银行履行偿付的义务。银行为了避免申请人不履行偿付义务，通常要求开函申请人提供一定的抵押。保函开出后，申请人有义务按期向开保函的银行支付各种手续费、担保费以及由于函电往来所发生的其他通信费用。

2. 受益人

受益人是银行保函项下担保权益的受益者，以及有权凭借保函并依照其条款的规定向开保函的银行要求付款或提出索赔的基础交易合同中除开函申请人外的另一方当事人。

3. 担保人

担保人是指开具保函的银行或其他金融机构，即接受委托向受益人出具保函，并以此为依据承担有条件或无条件付款保证责任，或依据保函条款及索赔条件承担第一性付款责任或第二性付款责任的银行。担保人开具保函后，对受益人负有一种债务，而对开函申请人获有债权。因此，一方面在担保人收到来自受益人的符合保函条件规定的索赔时，必须立即进行付款；另一方面它也可以立即向开函申请人进行追偿。

开函申请人、受益人和担保人，构成了银行保函的三个基本当事人。除此之外，银行保函业务中还可能涉及反担保人、保兑人等当事人。

三、银行保函的内容和种类

银行保函种类很多，其条款也有所不同，但基本内容是相同的，一般包括申请人的名称和详细地址，受益人的名称和详细地址，担保银行的名称和详细地址，保函的通知行的名称和详细地址，保函的编号及开立保函的日期，保函所依据的合同或标书等协议的号码、日期及事由等，保函项下担保行承担的金额（大、小写），保函的性质（即保函的种类），保函的有效期，担保人、申请人和受益人的责任和权利，保函的索赔文件，保函的仲裁条款等。

在国际贸易中使用的银行保函，按其开函申请人的身份不同可分为出口保函和进口保函两大类。出口保函是银行为出口方向进口方开立的书面保证文件，保证出口方一定履约；进口保函是银行为进口方向出口方开立的书面保证文件，保证进口方一定履约。按照保函开立的方式可分为直接担保函和间接担保函。按照银行保函基础合同的性质又可以分为履约保函、投标保函、还款保函、付款保函、延期付款保函、租赁保函、留置金保函、补偿贸易保函、来料加工保函、质量保函和维修保函等。以下就国际贸易中常用的几种保函作一介绍。

1. 履约保函

履约保函是银行应申请人的请求，向受益人开立的保证申请人履行某项合同项下义务的书面保证文件。在保函有效期内如发生申请人违反合同的情况，银行将根据受益人的要求向受益人赔偿保函规定的金额。

履约保函的适用范围很广泛，不仅用于一般的进出口贸易，而且还用于国际租赁、技术贸易、对外加工贸易、补偿贸易等。在工程项目建设中，它还用于投标业务，即保证当投标人在签订合同后如未能在规定的时间内履行合同，银行将按保函金额赔付招标人。投标保函往往经过修改或展延，扩大了责任范围进而成为履约保函。

一般情况下，履约保函的担保金额为合同金额的5%～10%。履约保函的有效期至合同执行完毕日期为止，有时还要加上一定的索偿期。

2. 投标保函

投标保函是招标人在工程项目进行招标时担保银行应投标人（申请人）的请求向招标人（受益人）出具的保证书，保证投标人在开标前不撤标、不改标、不更改原报价条件，并且在中标后，要按照招标文件的规定及投标人在报价中的承诺，在一定时间内与招标人签订合同并要提交履约保函。如果投标人没有履行保函中所规定的义务，则担保银行在受益人提出索赔时，须按保函规定履行赔款义务。

投标保函的金额一般为投标报价的1%～5%，有效期为开标日再加一段时间的索偿期。若投标人中标，则自动延至投标人与招标人签订并交付合同和履约保函为止。若未规定有效期，按国际商会第325号规则规定，为投标保函生效后的6个月。

3. 还款保函

还款保函，有时也称定金保函。它是指担保银行应商品交易、劳务合作、资金借贷或其他经济合同一方当事人（申请人）的请求，向合同另一方当事人（受益人）开立的银行保证书，保证申请人履行与受益人签订的合同中所规定的义务，否则，由银行负责向受益人偿还已预付的款项和利息，但支付不超过保函的担保金额。它的受益人是基础合同中支付了定金的一方，避免受益人支付定金之后发生对方拒不履行义务又不退还款项的风险。还款保函的金额就是定金的数额。保函的有效期一般到合同执行完毕日期为止。为使受益人有足够的时间索赔，一般规定合同执行后的若干时间，如3～5天。也有的规定在定金全部扣完时失效。

4. 付款保函

付款保函是保证付款的保函，在国际贸易中较为常用。付款保函由进口方提供给出口方，保证只要出口方按合同规定交出货物或技术引进方收到与合同规定相符的技术资料后，进口方一定履行部分或全部付款义务，否则，将由担保银行代为支付或承担赔付的责任。保函金额即合同金额，保函有效期为合同规定付清价款的日期再加15天。

5. 质量保函

质量保函是指在进出口贸易中，由银行向买方担保，如货物不符合合同规定而卖方又不能更换、维修或支付有关费用时，由银行负责在保函金额内给予赔偿。质量保函一般用于机械设备、船舶飞机等出口贸易中。保函金额一般为合同金额的5%～10%，有效期一般到合同规定的质量保证期满，再加3～15天索偿期。

6. 补偿贸易保函

补偿贸易保函是指在补偿贸易合同项下，设备或技术的引进方通过其往来银行向设备或技术的提供方所作出的一种保证，担保前者在设备或技术引进后的一定时期内将以其所生产的产成品或其他产品来补偿所引进的设备或技术的价值，或以生产成品的外销所得的款项支付所引进的设备和技术，如果届时该引进方无法或无力作出支付或补偿行为，则将由担保银行负责偿还全部应付款项以及相应的利息。

7. 来料加工保函

来料加工是指合同的一方向另一方提供加工装配所需要的原材料、辅料、零部件、元器件等，或同时提供加工所需的机器设备、生产线等，由后者按照合同所规定的规格、款式、质量等进行加工或装配，成品的全部或大部分交由前者或其指定者进行销售，后者或是留取部分加工产品作为酬劳，或是从中获取加工费，并用该加工费抵偿或偿还前者所提供的机器设备和生产线的价款。为了保证原辅料及机器设备的提供方能得到其所提供的材料及机具价值的偿还，防止加工方不能如期加工并用成品进行抵偿却又不予退回前者所提供的原辅料及设备的情况发生，前者往往要求后者通过其往来银行出具此类保函，用以担保在一旦出现上述情况时，前者有权向担保银行进行追索，以便收回其所提供的原辅料及设备的价款以及由此产生的利息，从而避免其利息上的损失。

四、银行保函的开立方式

银行保函有两种开立方式：一是直接担保，二是间接担保。

1. 直接担保函

直接担保函是由担保银行应申请人要求直接开给受益人的银行保函。首先，由申请人选择一家银行作为担保人，向担保人提出开立保函的申请。担保人在收取相应的押金和手续费后，向受益人开出银行保函。有时，为了方便受益人接收，担保人会通过转递行转递保函给受益人，转递行的作用与信用证中转递行的作用类似。

2. 间接担保函

有些国家的法律规定企业只能接受本地银行开具的保函，或者受益人对国外银行不信任，希望选择本地银行作为担保人。在这种情况下，需要开具间接担保函。首先，申请人找到一家银行进行申请，这家银行称作指示方，银行接受委托后，向受益人所在地的一家银行(担保人)开出反担保函，受益人所在地的银行再开出担保函给受益人。

反担保函是指示方向担保人发出的指示，要求其向受益人开立保函，并保证在收到与反担保函相符的付款要求和单据时向其付款。担保函将参照反担保函开立，但它们是两个独立的保函，这类似于对背信用证之间的关系。

五、银行保函与信用证的异同

银行保函和信用证都是由银行作出的担保承诺，都属于银行信用，都独立于基础合同而存在，在业务过程中银行都只审查单据表面相符而不负责单据的真伪和有效性。但它们是两个不同的概念，应当加以区分。它们的不同之处有：

(1)信用证是一种国际结算方式，银行保函不是，只是配合结算方式而使用的。

(2)就所支付的款项的性质而言，信用证通常属于货物的价款，而保函项下所支付的既可能是合同价款，也可能是某种赔款或退款。保函的应用范围远远大于跟单信用证。

(3)信用证要求受益人提交的单据是包括运输单据的商业单据，银行保函要求受益人提交的是履约证明或委托人的违约证明。

(4)信用证一经开出，开证行负担第一性的付款责任。而银行保函开出后，只有在申请人发生违约情况或未能完成相应义务的情况下，银行才需要承担赔偿责任。

(5)信用证的到期地点可在开证行所在地，也可在受益人所在地，而银行保函的到期地点一般在担保人所在地。

(6)信用证项下的支付是有对价的支付,而保函项下的支付则并非完全如此,有的是有对价支付,有的则是无对价支付。

(7)信用证适用《跟单信用证统一惯例》,而银行保函适用《见索即付保函统一规则》。

第二节 备用信用证

一、备用信用证的概念

备用信用证是在跟单信用证的基础上发展起来的一种担保性质的信用工具。它是开证行对受益人承担义务的凭证,保证凭规定单据向受益人支付一定数额的款项。它既具备传统商业信用证的一般特点,又具有担保文件的特殊功能,可以说是一种特殊的、具有信用证形式的银行保函。

备用信用证的内容与跟单信用证相似,其内容主要包括开证行名称、开证日期、是否可撤销、受益人名称、开证申请人名称、金额、规定必须提供的单据凭证、有效期、保证条款等。

备用信用证也是跟单的,但对单据的要求要比跟单信用证简单,只是其中需要有一份开证申请人违约的证明。

二、备用信用证的用途

1. 在国际工程承包业务中的应用

备用信用证在国际工程承包中的应用最为广泛。通常国际工程承包中的每个阶段都需要备用信用证或类似的担保,以保证工程项目的顺利进行。在招标阶段,招标人一般都要求投标人提供由银行出具的备用信用证,以防投标人中标后由于种种原因拒绝与招标人订立合同;在订立工程承包合同时,发包人(招标人)一般也要求承包人(中标人)向其提供备用信用证,以防对方签订合同后不履行合同或不能完全按合同规定履行;如果发包人已向承包人预付了部分款项,前者也同样会要求后者向其提供备用信用证,以便在对方不履约时,可以向开证银行收回这笔款项。

2. 在国际资金融通中的应用

在国际资金借贷中,贷款人往往要求借款人通过本国银行向其开立备用信用证,以确保其贷款本息能如期收回。将来借款人一旦不能按期还本付息,贷款银行可以就该备用信用证开立的汇票和相应单据向开证银行提示,要求后者付款。

3. 在国际货物买卖业务中的应用

在国际货物买卖中，备用信用证可能由买方申请开立，以卖方为受益人，保证卖方的收款；也可能由卖方申请开立以买方为受益人，保证卖方按时、按质、按量地交运合同规定的货物。

备用信用证的单据提示时间

2011年1月1日，我国出口方X公司与外国客户Y公司达成对外贸易合同，出口一批大豆。由于约定的付款时间距离发货时间长达120天，我方X公司为确保收款安全，要求买方开具备用信用证。Y公司经某银行开出不可撤销的备用信用证，经A银行加保兑并通知受益人。该证要求提供单据如下：

(1)一份违约证书，声明："根据X公司与Y公司2011年1月1日签订的第111号合同，我们在2011年2月2日装运××吨大豆。按照上述合同条款要求，我们从装船日起已等待Y方付款达120天，Y方未付应付款。因此Y方已违约，应在备用信用证项下向我方支付××美元。"

(2)商业发票副本一份，注明装运商品的细目。

(3)运输单据副本一份，证明货物已装运及注明装运日期。

受益人按合同发货，并按销货条件向Y公司开出了120天到期付款的发票。在发货后的120天，由于未直接从Y公司收到款项，受益人缮制了备用信用证所要求的文件，提交给保兑行A行。A行审核了违约证书、商业发票副本和运输单据副本，认为单证相符，即向受益人付了款，并向开证行寄单索款。不料收到单据后，开证行拒绝付款，并把拒绝付款情况通知了A行。开证行提出的理由是受益人晚提示，根据UCP600第14条c款，单据不得迟于装船后21天提示，而货物早已于2011年2月2日装运，单据迟至2011年3月6日才提示，构成不符，拒绝付款。

A行对此拒付不同意，复电如下："来电拒付无理。UCP600第14条c款适用于商业跟单信用证，而非备用信用证。后者是担保你的客户履约而立的。只要你证明你的客户违反与受益人之间的商业合同条款，即为有效。此外，为了履行商业合同，受益人必须在发货后等待120天，以便你的客户付款。如后者违约不付，则受益人将使用备用信用证以取得该证项下的付款。因此，装运后在作出必要的违约证书以前，受益人既要给予120天的融资，同时又要按信用证的要求，在发货后21天之内提交信用证要求的单据，这是不可能的。据此，我行认为你行拒付无根据，并希望偿付我行已付的款项，加上我行付款日到你行偿付我行之日的利息。"

这个案例反映了备用信用证与普通跟单信用证之间的一个区别。保兑行的解释是正确的，开证行的拒付无理。因为在备用信用证项下，受益人在作违约证书之前，需有一段必要的等待时间，以证实开证申请人确已违约。因此 UCP600 第 14 条 c 款对本案不适用。

三、银行保函和备用信用证的区别

两者主要区别如下：

(1)与基础合同的关系不同。保函在性质上有从属性保函和独立性保函之分。备用信用证作为信用证的一种形式，并无从属性与独立性之分，它具有信用证的“独立性、自足性、纯粹单据交易”的特点，开证行只根据信用证条款与条件来决定是否偿付，而与基础合约无关。

(2)开立方式不同。《跟单信用证统一惯例》规定备用信用证的开立，开证行通过受益人当地的代理行(通知行)转告受益人，通知行须审核信用证的表面真实性。而《见索即付保函统一规则》对通知行没有作出规定，保函可以由担保行或委托人直接递交受益人。

(3)兑付方式不同。备用信用证可在即期付款、延期付款、承兑、议付这四种方式中规定一种作为兑付方式，而银行保函的兑现方式为付款。相应地，备用信用证可指定议付行、付款行等，受益人可在当地交单议付或取得付款，而保函往往只有担保行，受益人应该向担保行索偿。

(4)融资作用不同。备用信用证适用于各种用途的融资：申请人可以之为担保取得信贷；受益人在备用信用证项下的汇票可以议付，以备用信用证作为抵押可取得打包贷款。另外，银行可以在没有申请人的情况下自行开立备用信用证，供受益人在需要时取得款项。而银行保函除了借款保函的目的是以银行信用帮助申请人取得借款外，不具有融资功能，而且不能在没有申请人的情况下由银行自行开立。

(5)适用规则不同。银行保函适用《见索即付保函统一规则》，而备用信用证适用的则是《跟单信用证统一惯例》。

四、备用信用证与跟单信用证的异同

1. 相同点

(1)备用信用证与跟单商业信用证都属于信用证范畴，《跟单信用证统一惯例》(UCP600)对二者都适用。

(2)备用信用证和跟单商业信用证都适用信用证的基本法律原则，即都独立于基础合同。即使信用证(备用信用证或跟单商业信用证)中包含有对基础合同的任何援引,信用证也不受基础合同条款的约束,开证行和受益人只受信用证条款的约束。

(3)备用信用证和跟单商业信用证都属于银行信用。开证行的根本责任是在受益人交单请求付款时,支付信用证项下的款项。

(4)备用信用证与跟单商业信用证内容相似、形式相同,并且也都跟单。

(5)在业务处理上,备用信用证与跟单商业信用证都是单证操作,不涉及实物货品的实际情况。只要受益人提交了符合信用证本身规定的单据,都应该获得信用证项下的款项,而实际货物是否符合买卖合同、合同是否履行等不影响信用证项下款项的支付。

(6)备用信用证和跟单商业信用证都必须明确规定可使用的最高金额和有效期。

2. 不同点

(1)功能和作用不同。跟单商业信用证是贸易双方为国际贸易买卖的顺利实现而约定的一种结算方式。在跟单商业信用证下,受益人根据基础合同的约定,在装运货物后取得与装运货物相关的、跟单信用证所要求的一系列单据,然后凭这些单据向开证行请求付款或议付,开证行是信用证的主债务人。而在备用信用证下,其功能的发挥取决于开证申请人的履约情况:如果开证申请人如约履行了其在基础合约下的义务,那么备用信用证就备而不用;如果开证申请人未能履行基础合约的合同义务,则受益人只需向开证行提交证明开证申请人违约的简单证明文件及其汇票即可办理索赔或议付。可见,备用信用证功能的发挥是以开证申请人的违约为前提的,充当的是一种担保开证申请人履约的手段,从而给受益人提供一种预先的保障作用,开证行在这里扮演的是担保、保证的角色。

(2)使用范围不同。跟单商业信用证主要适用于国际货物买卖领域,作为国际贸易的一种应用广泛的结算方式而存在。而备用信用证不仅可用于国际货物贸易,也可用于国内货物贸易,并且还广泛用于保证多种形式的付款或履约,如在大型承包工程中保证投标人履行其职责,在融资过程中保证债务人到期还款,在技术交易、租赁交易等交易中作结算保证等。

(3)备用信用证通常不能作为融资的抵押品。这是因为备用信用证往往是以基础合约或某些交易条件能否履行为前提的,而且很少有货物作保证。而跟单商业信用证是以货物的交付与款项支付为依据,因此进出口双方可以利用跟单商业信用证来进行融资,如议付、进出口押汇、打包贷款等。

(4)开证人的付款责任不同。在跟单商业信用证下,只要受益人提交了符合信用证规定的货物单据，银行即承担第一位的付款责任，而不管开证申请人能否向银行付款。而在备用信用证下，事实上，开证人要么根本不履行付款义务(在开证申请人已履行基础合同的情况下)，要么是受益人在开证申请人违约后才承担付款责任，开证行是否履行付款责任，取决于开证申请人是否违约。

(5)两者所要求的单据不同。备用信用证与跟单商业信用证虽然都跟单，但两者所要求的单据有着较大的区别。跟单商业信用证要求提交的是表明基础合同已履行的单据，通常包括汇票、商业发票、货运单据、保险单、商检证书等，目的是证明受益人的履约，从而能够向其支付货款。相对于跟单商业信用证，备用信用证要求提交的单据相对简单一些，比如一般不要求商业发票，通常仅凭受益人或第三人出具的证明开证申请人违约的文件，如申请人违约证明、到期拒绝付款的汇票等。目的是证明开证申请人的违约、启动备用信用证的功能。

(6)两者的转让要求不同。信用证的转让实际上是信用证项下款权的转让，根据 UCP600 的规定，除非信用证另有规定，否则可转让信用证只能转让一次。但是只要信用证不禁止分批装运、分期支款，可转让信用证可以分为若干部分分别转让，其总和不得超过信用证金额，这称为“分割转让”。允许分割转让，使得受益人在作为中间商时可以直接将信用证用作获得付款的保障，而不必向银行另行申请开出信用证，受益人在让供货商直接参与和买方交易的同时，又保留了对整笔交易的控制权。供货商可以凭其受让的支款权直接向银行交单索款，而受益人(转让人)则可以最终收取信用证下剩余的金额。在备用信用证下，信用证可以多次转让，但通常不能分割转让，因为多次转让对申请人并无不利。

(7)两者开立的主体不同。根据 UCP600 的规定，跟单商业信用证的开立者在绝大多数情况下只能是银行，非银行机构不能成为开立主体。而根据 ISP98 的规定，备用信用证的开立者并不限于银行，也可以是自然人、合伙组织、保险公司等非银行金融机构，因此，ISP98 以“开证人”(issuer)这一概念代替了“开证行”(issuing bank)这一表述。

本章小结

1. 银行保函是银行根据契约一方当事人的请求和委托，向契约的另一方当事人作出的书面承诺，承诺在委托人违约时，按银行保函规定的条件承担经济赔偿责任。

2. 银行保函具有两种不同的担保作用：一是保证银行保函的受益人在履行合同义务后，肯定能得到其应得到的合同价款；二是保证银行保函的申请人将履行某种合同义务，一旦出现相反情况，银行可以根据保函，负责对受益人作出赔偿。

3. 备用信用证是在跟单信用证的基础上发展起来的一种担保性质的信用工具。它是开证行对受益人承担义务的凭证，保证凭规定单据向受益人支付一定数额的款项。它实质上是一种具有信用证形式的银行保函。

思考与练习

一、名词解释

银行保函　备用信用证

二、简答题

1. 银行保函的定义是什么？
2. 备用信用证是什么样的信用证？它与普通跟单信用证有什么区别？

第七章 国际结算融资

学习目标

- 了解常见的国际结算融资业务形式；
- 理解国际保理、进出口押汇、票据贴现、包买票据的概念和做法。

我国国际保理业务发展迅猛

随着我国贸易经济的快速发展，市场对保理的需求越来越大。据 FCI（国际保理商联合会）统计数据，2010 年中国保理业务的增长幅度达 89%，超过欧洲的增长率。

在 2011 年的亚太地区国际应收账款融资年会上，来自中国、美国、英国、澳大利亚、俄罗斯等国家和地区的 60 多位保理行业的资深业内人士发表了他们的看法。他们有的正在中国开展自己的项目，有的是第一次来到中国，但都表达了对中国市场的看好。

面对 2010 年中国保理行业 89%的增长速度，有人不禁发问：中国是不是能成为全球保理行业的领导市场？

"当然，中国的保理行业刚刚起步，未来还有很长的路要走，可以肯定的是，我们的保理行业将面临一个大发展的机遇。"瀛寰东润（中国）国际保理有限公司董事长兼总裁曹东对《新金融观察》记者表示。

从统计数据来看，2009～2010 年，中国国际保理业务由 250 亿美元增加到 460 亿美元，国内保理业务由 5 709 亿元增加到 10 526 亿元，其中出口保理占全球保理业务总量的 9.4%，为 2000 年总量的 1 041 倍。在后金融危机时代，中国保理行业的逆势发展，成为业内关注的一个焦点。

资料来源：常亮：《天津——中国保理之都》，《新金融观察》，2011 年 9 月。

阅读以上材料，结合本章内容思考以下问题：

什么是国际保理？它的主要功能是什么？促进我国国际保理业务发展的因素有哪些？

第一节　国际保理

一、国际保理的概述

国际保理是指国际贸易中，在以赊销或承兑交单为付款条件的情况下，由出口保理商向出口商提供包括对进口商进行资信调查、坏账担保、货款催收、销售分类账管理以及贸易融资等方面内容在内的综合性金融业务。

国际保理产生的背景是国际贸易的迅速发展和买方市场的日益凸显。在买方市场的情形下，作为买方有更大的选择权和更强的议价能力，在合同磋商和谈判中占有优势地位。相应地，出口方则处在劣势地位。为了能够顺利达成交易、卖出货物，出口方通常不得不接受一些对自己不利的条件，这其中就包括不利的结算条件，如赊销、承兑交单等。通过接受这些条件，出口方虽然如愿与进口方达成了合同，但也承担着相当大的收不回货款的风险，特别是随着国际贸易的发展，从事国际贸易诈骗的不法分子也时时出现，接受一些风险较大的结算方式，对出口方的不利影响是显而易见的。所以，出口商必然要在两难之中寻求一个解决办法，这时，国际保理业务就应运而生了。

当今的国际保理业务可分为单保理和双保理两种。双保理涉及四个当事人：国际贸易的出口商、国际贸易的进口商、出口保理商和进口保理商。其中，出口保理商对出口商的应收账款负责，进口保理商则负责向进口商催收账款，并对出口保理商承担担保付款的责任。而单保理的当事人除了进出口双方之外，只有一个出口保理商或一个进口保理商。

二、国际保理业务流程

(一)单保理

国际出口单保理的一般做法(如图 7—1 所示)是：国际贸易买卖双方经交易磋商确定采用国际保理方式后，出口商向进口保理商申请对进口商进行资信调查，并与之签订保付代理协议，向其提交需要确定信用额度的进口商名单。进口保理商对进口商进行资信调查后，确定有关的信用额度，把这个信用额度反馈给出口商。出口商在信用额度内发货，并将有关发票和货运单据直接寄给进口商，然后将发票副本送交进口保理商。进口保理商负责应收账款的管理和催收，并提供100%的买方信用风险担保。进口商于应收账款到期日对进口保理商付款，进口保理商按保付代理协议规定的日期将全部款项扣除费用后，转入出口商的银行账户。如果卖方有融资需求，进口保理商也可于收到发票副本后以预付款方式提供不超过发票金额80%的无追索权的短期贸易融资，其余20%的发票金额在收到进口商(买方)付款之时，扣除有关费用及贴息后转入出口商的银行账户。

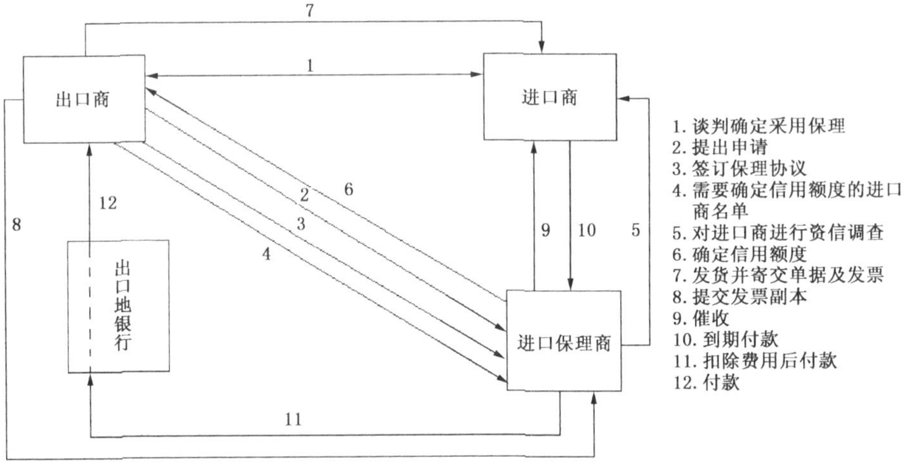

图7—1 单保理流程

(二)双保理

目前国际上的保理业务大多采用双保理形式。在双保理业务中，由于出口保理商与进口保理商的共同参与，出口商得以享受全方位的服务，大大便利了其业务的拓展。

按照国际惯例，国际出口双保理业务的一般做法(如图7—2所示)是：买卖双方谈判约定采用国际保理的结算方式，然后由卖方与本国的出口保理商签订保付代理协议。接着由出口保理商与进口保理商签订委托协议。卖方将需要核定信用额度的进口商名单交给出口保理商，由其立即传送给进口保理商。进口保理商对各进口商进行资信调查，逐一核定相应的信用额度，并通过出口保理商通知出口商按核定的信用额度发货或提供服务。出口商履行合同后，将发票和装运单据或其他有关单据直接寄交进口商，发票副本送进出口保理商。如有融资需求，出口保理商即以预付款方式向出口商提供不超过发票金额80%的无追索权的短期贸易融资，并向进口保理商定期提供应收账款清单，由其协助催收货款。到期后，进口商将全部货款付给进口保理商，进口保理商则立即将等值价款付给出口保理商。出口保理商扣除有关费用及贴息后，将剩余20%的货款付给出口商。如果进口保理商没有按照上述要求向出口保理商付款，进口保理商必须向出口保理商支付从应付款日至实际付款日期间的利息。

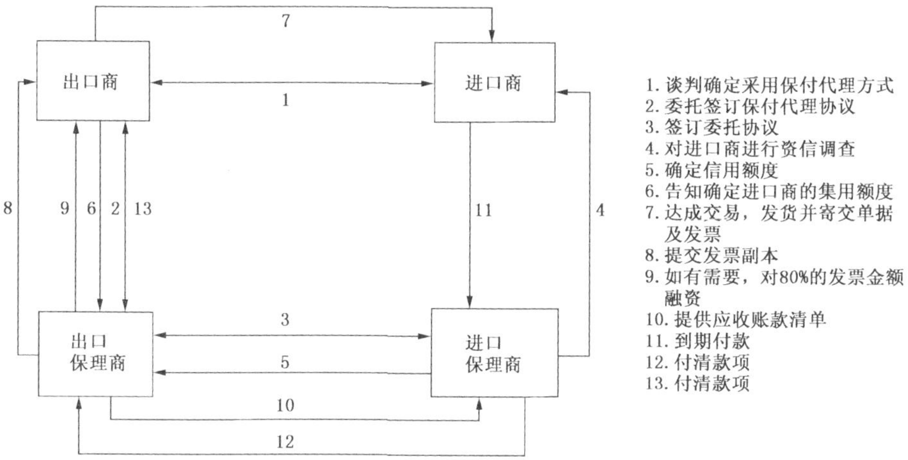

图7—2　双保理流程

三、国际保理的作用

国际保理的作用主要表现在以下几个方面：

(1)扩大出口商的融资量和营业额。国际保理融资基于对出口商合格的应收账款的转让，所以它是随着销售量的扩大而同步扩大的。出口商按信用额度发货后，国际保理最多可提供80%无追索权的融资，相比传统的银行融资，对出口商要有利得多。

(2)改善出口商财务状况。出口商出货后可以立刻从保理商那里获得大量融资，这些融资可以用于改善出口商的资产负债结构，从而改善财务状况。

(3)节约业务成本。对出口商来说，进行国际贸易时为防欺诈，保护自己的利益，通常需要对客户的信用状况有一定的了解和把握。但由于客户远在国外，相关信息难以获得，即使获得了也难免有偏差，有可能导致对对方信用状况判断失误而造成损失。在达成交易之后，货款催收也有可能是一个曲折的过程。国际保理为出口商解决了这两方面的难题，反馈给出口商真实可靠的进口商信用状况，并用信用额度来表达，同时可提供货款催收、应收账款管理等服务，为出口商节约了业务成本，减少了工作量，有助于出口商把时间和精力放到更重要的事情上去。

第二节 打包贷款

一、打包贷款的定义

打包贷款是指出口地银行为支持出口商按期履行合同、出运交货，向收到合格信用证的出口商提供的用于采购、生产和装运信用证项下货物的专项贷款。它是一种装船前短期融资，使出口商在自有资金不足的情况下仍然可以办理采购、备料、加工，顺利开展贸易。由于最初这种贷款是专向出口商提供出口商品的包装、运输费用的贷款，所以称作打包贷款。

打包贷款产生的背景是出口商在与国外客商签订合同之后，需要一笔资金进行备货以及打包、装运来履行合同。在这个时候，出口商大多数并不能收到进口商的货款，所以往往需要占用自有资金。打包贷款的出现，使得企业不必占用自有资金也能完成这些事项，流动资金压力得到缓解，竞争能力就得到了提高。

打包贷款的金额一般不超过信用证金额(按当日银行买入价折算)的80%，放款期限通常与信用证有效期适应，一般为自放款之日起至信用证有效期后一个月，最长不超过一年。

打包贷款在实施中，银行一般会要求出口商以信用证正本为抵押。但虽然有信用证作为抵押，如果出口商没有按照信用证要求备货或交单，信用证就得不到偿付，所以打包贷款的实质是无抵押的，贷款银行需要承担风险。为了确保贷出资金的安全，银行通常要求企业提交合同、保证不违反本国出口许可制度、保证按照信用证条款操作等。

二、打包贷款的业务流程

1. 申请

出口商在收到信用证后，向银行提出打包贷款申请，并提供信用证正本及内外贸合同、贸易情况介绍等有关资料，如属代理应提供有关代理协议。

想要申请打包贷款，企业需要具备一定的条件，例如：应当是独立核算，自负盈亏，且经营作风良好，无违法违规和违约等不良行为记录；须有出口业务经营权；须有出口亏损弥补来源，有齐全的生产销售计划和健全的财务管理制度，恪守信誉并在银行开有账户；信誉良好，有按期偿付贷款本息的能力；等等。企业还应当能主动配合银行的调查、审查和检查，及时、准确地向银行提供相关贸易背景资料。

2. 审查

银行对申请企业本身的资信和所提交的信用证进行审查。审查企业的资信可以通过审查合同来进行，看企业能否按时、按质、按量履行交货义务。对信用证的审查主要是为了确保在出口商履行其上义务的前提下，凭信用证能够取得信用证款项。企业所持的应是有效信用证正本，需由资信良好的海外银行开立，不可撤销，且信用证条款必须经银行核准，不得带有软条款。

3. 签约

经审查无误后，若银行同意出口商的申请，银行和出口商双方即可签订打包贷款合同。

4. 发放

银行向出口商发放贷款，作为其准备货物和装运之用。银行在出口商往来账户外另开专用账户，供出口商陆续支用贷款用。为确保专款专用，银行有权审核出口商的用款情况。出口商利用资金组织或生产出口货物，按信用证要求及时发货并备好单据。

5. 归还

打包贷款的归还采用与货款议付相结合的方式进行。打包贷款抵押信用证项下的出口单据必须交发放贷款的银行进行议付。当出口商交单议付时，银行从议付款中扣除打包贷款的本金、利息和其他费用，也可按协议在收妥结汇时归还。

由于银行议付单据是有追索权的，因此打包贷款实质上也是带有追索权的融资，即一旦银行从开证行处无法获得信用证款项，会向出口商追索。因此，在使用打包贷款时，企业应注意保证单单一致、单证一致，银行也同样需要在签订打包贷款合同时就谨慎审查，以免事后造成纠纷。

三、打包贷款的作用

主要作用包括：

(1)扩大贸易机会。在出口商自身资金紧缺而又无法争取到预付货款的支付条件时，打包贷款可帮助企业顺利开展业务，把握贸易机会。

(2)减少资金占压。取得打包贷款后，出口商在生产、采购等备货阶段都不必占用企业的自有资金，可缓解企业的流动资金压力。

(3)提升企业竞争力。通过利用打包贷款，出口商可减少资金占压，提高资金周转速度，能够克服资金紧缺的困难，相比竞争企业就更容易争取到订单。

第三节 票据贴现和包买票据

一、票据贴现

(一)票据贴现的定义

票据贴现是指急需资金的收款人或持票人,将自己手中未到期的票据向银行或贴现公司要求变成现款,银行或贴现公司收进这些未到期的票据,按票面金额扣除贴现日至到期日的利息后付给现款的行为,是一种短期融资方式。银行或贴现公司贴现票据后,到票据到期时再向付款人收款。

票据贴现实际上是银行或贴现公司购买未到期的期票的一种票据买卖。贴现款是可以追回的,即如果银行或贴现公司到期无法从付款人那里得到票据款项,会向当初贴现票据的人追索,即票据贴现是银行或贴现公司保留追索权的一种融资方式。票据贴现中使用的票据,必须是未到付款期的远期票据,在我国进出口业务实践中,一般是未到付款期的远期汇票。

(二)票据贴现的流程

远期汇票的收款人或被背书人需要资金时,可持未到期的汇票并填写贴现凭证,然后向银行申请贴现,银行一般是其开户银行。申请票据贴现的单位必须是具有法人资格或实行独立核算、依法从事经营活动的经济单位。贴现申请人应具有良好的经营状况,具有到期还款能力,持有的票据必须真实,票式填写完整,盖印、压数无误,凭证在有效期内,背书连续完整。

持票人持未到期的汇票向银行申请贴现时,应根据汇票填制贴现凭证,在第一联上按照规定签章后,连同汇票一并送交银行。银行信贷部门按照信贷办法和支付结算办法的有关规定审查,符合条件的,在贴现凭证“银行审批”栏签注“同意”字样,并由有关人员签章后送交会计部门。

会计部门接到作成转让背书的汇票和贴现凭证,按照支付结算办法的有关规定审查无误、贴现凭证的填写与汇票核对相符后,按照支付结算办法有关贴现期限以及贴现利息计算的规定和规定的贴现率计算出贴现利息和实付贴现金额。其计算公式为:

贴现利息=汇票金额×贴现天数×(月贴现率÷30)

实付贴现金额=汇票金额-贴现利息

然后在贴现凭证有关栏目内填上贴现率、贴现利息和实付贴现金额。

贴现的期限从其贴现之日起至汇票到期日止。贴现到期,贴现银行作为持票人,凭汇票向付款人办理收款。若付款人拒付,贴现银行将向贴现申请人追索票款,甚至可以从申请人的存款账户中收取票款。

(三)票据贴现的作用

票据贴现为急需资金的企业提供了一种提前获得款项的方式,特别是在企业遇到资金困难,急需提前取得款项的时候,使用这种方式融资是比较合适的。然而,票据贴现作为一项信贷业务,也必然存在一定风险。由于银行保留追索权,企业在贴现票据前应确保将来汇票到期能够取得付款。而银行在办理贴现业务时更应注意审查贴现条件和规范操作行为,防范该业务给自身带来的风险。

二、包买票据

(一)包买票据简介

随着国际贸易的发展,传统的票据贴现业务已经不能满足外贸企业的融资需求,于是,一种新型的融资方式——包买票据——应运而生。包买票据又称福费廷(Forfeiting)业务,是一种以无追索权形式为出口商贴现远期票据的金融服务。它与传统的票据贴现相比实现了两大突破:一是不再保留追索权,即出口商一旦从包买票据项下获得了融资,就不用再担心包买商的追讨;二是延长了融资期限,将融资期限从传统票据贴现的几个月延长到最长可达 10 年,适合技术含量高、贸易金额大、所需周期长的成套设备或专有技术的贸易。

国际福费廷协会(IFA)是包买票据业务领域最大的国际组织,其宗旨是促进包买票据业务在全球的发展,制定包买票据业务的惯例规则,便利成员间的业务合作。目前,该协会拥有 140 多个成员,主要为遍布全球的国际性银行和专业包买票据公司。在我国,20 世纪 90 年代初,中国银行一些海外分行就陆续开办了包买票据业务;2001 年起,中国银行境内分行全面推出了包买票据业务;2002 年,中国银行江苏省分行、浙江省分行、重庆市分行等 20 个省级分行及其辖内部分分行和总行营业部均已开办了包买票据业务,金额总计约 1.15 亿美元。至 2003 年 8 月中旬,境内分行又累计办理了近 2 亿美元的包买票据业务,同比增长 300%。

(二)包买票据的特点

主要特点包括:

(1)包买票据业务属批发性融资工具,融资金额范围从 10 万美元到 2 亿美元,其中的远期票据产生于销售货物或提供技术服务的正当贸易,包括一般贸易和技术贸易,特别是资本性的商品交易。可融资币种为美元、欧元等主要交易货币。

(2)包买票据业务中的出口商必须放弃对所出售债权凭证的一切权益,做包买票据业务后，将收取债款的权利、风险和责任转嫁给包买商，而银行作为包买商也必须放弃对出口商的追索权。出口商在背书转让债权凭证的票据时均加注"无追索权"字样，从而将收取债款的权利、风险和责任转嫁给包买商。包买商对出口商、背书人无追索权。

(3)传统的包买票据业务，其票据的期限一般在1～5年，属中期贸易融资。但随着包买票据业务的发展，其融资期限扩充到6个月至10年不等，时间跨度很大。

(4)包买商为出口商承做的包买票据业务，大多需要进口商的银行做担保。担保方式主要有两种：一种是保付签字，即担保银行在已承兑的汇票或本票上加注"Per Aval"字样，并签上担保银行的名字，从而构成担保银行不可撤销的保付责任；另外一种是由担保银行出具单独的保函。

(三)包买票据的业务流程

具体业务流程如下：

(1)出口商申请做包买业务。包买商审查企业资信状况，出口商向包买商询价。

(2)包买商向出口商报价。出口商根据包买商的报价，向进口商报价。也就是说，包买费是出口商转嫁给进口商的。国际贸易双方签订进出口合同，同时进口商申请银行担保。

(3)出口商发货，并将单据和汇票寄给进口商；进口商将自己承兑的汇票或开立的本票交给银行要求担保。银行同意担保后，担保函和承兑后的汇票或本票由担保行寄给出口商。

(4)出口商将全套出口单据(物权凭证)交给包买商，并提供进出口合同、营业执照、近期财务报表等材料；收到开证行有效承兑后，包买商扣除利息及相关费用后贴现票据，无追索权地将款项支付给出口商。

(5)包买商将包买票据经过担保行同意向进口商提示付款；进口商付款给担保行，担保行扣除费用后把剩余货款交给包买商。

(四)包买票据的优缺点

1. 对出口商

优点：通过包买票据，出口商将自己的远期债务变成现金，加速资金流转；无追索权的融资，风险全部由包买商承担，避免了企业后顾之忧；固定利率，成本固定，费用还可以转嫁给进口商；所要求的单据简单，便于准备，工作效率高；可根据需要选择叙作包买业务，而不必把所有应收账款全部转让；保密性高。

缺点：包买商对企业的要求较高；需要有正当交易的证明；需要是包买商认为有效的票据；需提供有效担保；费用较高。

2. 对进口商

优点：利率固定；可以自行选择融资币种；所需单据简单，办理迅速。

缺点：费用高；长期占用进口商信用额度；不能随意地拖欠账款和拒付。

第四节　进出口押汇

一、出口押汇

(一)出口押汇的定义

出口押汇是指企业(信用证受益人或托收人)在向银行提交单据议付时，银行(议付行)根据企业的申请，凭企业提交的全套单证相符的单据作为质押进行审核，审核无误后，参照票面金额将款项垫付给企业，然后向开证行或代收行寄单索汇，并向企业收取押汇利息和银行费用并保留追索权的一种短期出口融资业务。根据结算方式的不同，出口押汇可分为信用证项下的出口押汇和跟单托收项下的出口押汇两种。根据结算货币的不同，又可分为外币出口押汇和本币出口押汇。

出口押汇是短期融资，押汇期限一般不超过180天。银行在预扣利息后，将剩余款项给予客户。银行保留追索权，不论何种原因，如无法从国外收汇，企业应及时另筹资金归还垫款。

(二)出口押汇的业务流程

具体业务流程如下：

(1)申请出口押汇的企业须具备的条件如下：具有进出口经营权并具备独立法人资格；以信用证或跟单托收作为出口结算的方式；在申请行开立有人民币或外币往来账户，办理进出口结算业务，并在押汇融资业务项下核算一切收支；资信良好，履约能力强，收汇记录良好，有健全的财务会计制度；叙做出口押汇的单据制作规范，单单一致，在信用证项下的出口押汇还须满足单证一致，信用证无软条款，其开证行无不良记录等。

(2)出口企业进行出口押汇申请。企业应填制“出口押汇申请书”及“出口押汇质押书”各一式两份，加具公司公章及有权签字人签字，连同出口单据和正本信用证一并交银行办理进行审核。

(3)受理。银行在收到企业提交的“出口押汇申请书”和出口单据后，如符合条件，经审核无误后叙做出口押汇。银行将重点审核以下几个方面：所交单据与信用证要求是否相符；信用证是否过期；是否存在软条款；单证或单单是否一致；索汇路线是否合理；收汇地区是否有外汇管制、金融危机等不利情况；等等。审核无误后，银行受理企业申请，将信用证项下金额扣除利息后，付给出口商。

(4)寄单索汇。押汇银行向国外开证行或代收行寄单索汇。开证行收到单据审核无误后，将款项付给押汇银行。代收行收到单据审核无误后，向进口商提示，进口商付款后，将款项付给押汇银行。

(5)若开证行或托收项下的进口商拒付，押汇银行将向出口商追索款项。

(三)出口押汇的作用

主要作用包括：

(1)加快资金周转。出口商出口交单后，凭与信用证要求相符、收汇有保障的单据向银行申请短期融资，能在国外收汇到达之前提前从银行得到垫款，加速资金周转。

(2)简化融资手续。相对于流动资金贷款等，出口押汇手续更加简便。

(3)节省财务成本。办理出口押汇时，出口商可以根据不同币种的利率水平选择融资币种，以实现财务费用的最小化。

二、进口押汇

(一)进口押汇的定义

进口押汇按照结算方式不同，可分为信用证项下的进口押汇和跟单托收项下的进口押汇两种。信用证项下的进口押汇是指开证银行收到国外来单后，应开证申请人要求向其提供的短期资金融通，用于支付该信用证项下款项。当议付行将单据交到开证行时，开证行经过严格审单后无不符点，或虽有不符点但客户及开证行双方都同意接受，开证行应在合理工作时间内对外付款，通知申请人赎单。这时申请人因还未见到货，有可能凭单付款有资金困难，开证行根据协议可以不立即向申请人收款，而是扣其授信额度，办理进口押汇，待申请人出售货物收回资金后再付款。跟单托收项下的进口押汇是在付款交单情况下，代收行在向进口商提示付款时，进口商因各种原因无法付款，代收行根据与进口商之间的协议，允许其先借单提货，等货物出售取得了货款再付给代收行的一种融资方式。无论是在信用证项下还是在托收项下，进口押汇业务中的一个重要环节就是进口商凭借其自身信用和与银行之间的协议，在未付款之前，借出单据先行提货，所以在实务中人们有时用“借单提货”一词来指代这种融资方式。

跟单信用证项下和跟单托收项下的单据，是货物物权的凭证，没有单据，无法提货。而有时进口商会遇到资金困难，就无法付款得到单据，从而无法提货。但如果能让其先提出货物，将货物销售出去，进口商就有了支付货款的资金。另外在远期付款的情况下，货物有可能已经到达，但由于约定的付款期限未到，进口商有钱也无法提货，担心货物受到损失，也有先行提货的迫切要求。于是，进口押汇这种融资方式就应运而生。有了进口押汇，上述两种进口商的困境都可得以解决，而有的进口商不愿占用自有资金先行付款，希望取得融资加快资金周转的，也会选择这种方式。但无论是何种情况，进口押汇中的“单”都只是先行借给进口商，只是作为其提货之用，在未付清货款之前，单据和货物的所有权都是不属于它的。只有付清了货款，进口商才真正完成了这笔贸易。

（二）信托收据

在进口押汇中，信托收据扮演了一个很重要的角色。信托收据就是进口商借单时提供的一种书面信用担保文件，用来表示愿意以开证行或代收行的受托人身份代为提货、报关、存仓、保险、出售并承认货物所有权仍属于银行。

信托收据是一种信托合同，它所建立的法律关系是有关信托财产处分的信托法律关系。银行是委托方，进口商是银行的受托人，他只是代表银行，以银行受托人的身份去提货并处理货物，此时并不拥有货权。信托收据为进口商利用进口押汇融资提供了方便，但其还款期一般不超过半年。

（三）进口押汇的流程和作用

进口押汇的一般流程为：进口商提出押汇申请；银行审核其申请，重点审查其资信状况；审核无误后，银行与进口商签订进口押汇协议；开证行审单无误对外付款；进口商出具信托收据；银行根据进口押汇协议和信托收据将货权单据交付给进口商；进口商代表银行，凭货权单据提货并销售货物；进口商归还贷款本息，换回信托收据。

进口押汇令进口商得以从银行获得资金融通，有利于资金周转。尤其便利了在远期付款情况下，货到但付款期未到时，进口商可以提前提货，避免货物堆放在码头遭受意外的风险。由于信用证项下，开证时进口商就向开证行交有押金，银行风险较小，所以相比托收项下，银行会更容易同意进口商的押汇请求。

三、提货担保

进口押汇为进口商，特别是远期付款情形下的进口商提供了便利。但在国际贸易中，有时会出现“货到单未到”的情形，也就是货物已经抵达了目的港，而单据却尚未寄达开证行。这时，即使进口商的资信足够，可以申请进口押汇，也无从做起，因为单据并不在开证行手上，无法让进口商借单提货。在这种情形下，提货担保就产生了。

提货担保是指在货物先于信用证项下提单或其他物权凭证到达的情况下，为便于进口商办理提货，尽快实现销售和避免货物滞港造成的费用和损失，银行根据开证申请人的申请而向船公司出具的书面担保。进口商将提货担保交给承运人先行提货，待正本提单收到后向承运人换回提货担保。提货担保占用授信额度，一般仅限于信用证项下使用。进口商办理提货担保，必须向银行提交提货担保申请书、船公司到货通知、致船公司的预先提货保证书以及提单和发票等的复印件。银行对上述文件进行审核，以确保所指货物确属该信用证项下的货物。申请人还应在提货担保申请书上保证承担船公司所收一切费用和赔偿可能由此遭受的一切损失。随着航运业的不断发展，在与日本、韩国和东南亚等近洋国家和地区的进口贸易中，运输时间越来越短，航程一般在 2～7 天，经常发生货物先于单据到达进口地的情况，所以由银行出具提货担保的情况比较普遍。

提货担保其实是开证行出具的一种保函，开证行作为担保人承担保函项下保证人所面临的一切风险。由于出具提货担保时，开证行并没有拿到单据，无法知道单据是否存在不符点，但货物已经先行提走，因此银行在出具提货担保后，要求申请人对事后收到的信用证项下的单据，无论有无不符点，均不得拒付。同时，银行要求信用证规定受益人提交全套海运提单，对于部分正本提单直接寄进口商或其他银行不能控制货权的信用证不予办理提货担保。有的银行还要求进口商出具信托收据，具体说明在赎单之前货物所有权归银行，并负责赔偿银行可能遭受的一切损失。

第五节 卖方信贷和买方信贷

随着国际贸易的发展，一些价值较大、技术含量较高、生产周期较长的大型机械、成套设备也成为了国际贸易买卖的标的。由于这些商品出口所需的资金较大、时间较长，进口厂商一般都要求采用延期付款的方式。出口厂商为了加速资金周转，往往需要取得银行的融资。卖方信贷和买方信贷就是针对这种情况而产生的中长期融资形式。

一、卖方信贷

(一)卖方信贷的定义

卖方信贷是指在大型机械装备或成套设备贸易中，为便于出口商以延期付款方式出卖设备，出口商所在地的银行对出口商提供的信贷。在我国，凡是有法人资格、经国家有关部门批准有权经营机电产品和成套设备出口的进出口企业或生产企业，包括全民所有制，集体所有制，股份制，中方实际控股的中外合资、合作企业等，只要获得机电产品出口经营权或外经权，出口项目符合中国银行规定的条件，无论中央企业还是地方企业，无论大中型企业还是中小型企业，都有资格向中国银行申请出口卖方信贷。只要单笔出口合同金额超过 30 万美元，设备在中国国内制造部分的比重符合国家规定，出口合同中规定的现汇支付比例符合国际惯例(一般机电产品不低于15%,船舶不低于20%,特殊情况除外),或海外工程承包项目在其合同总额中能带动20%机电产品和成套设备出口的,都属于银行出口卖方信贷支持的范围。

(二)卖方信贷的流程

具体流程如下:

(1)进出口双方确定交易,赊销出口并使用卖方信贷。

(2)出口商与出口银行进行卖方信贷洽谈,向银行提出申请、递交材料,银行受理并审核。

(3)进出口贸易合同、卖方信贷合同正式签订和履行。出口商投保出口收汇险,并将保险下权益转给银行。出口商分批发货,每次按货款比例向贷款银行提款。如果出口企业信用足够好,经银行同意,可以在其备货环节就提供贷款。

(4)货款归还。出口商从进口商处收取货款归还银行贷款,频率和每次归还数额按照事先与银行的约定,一般应与收款频率保持一致。

(三)卖方信贷的特点

主要特点包括:

(1)相对于打包放款、出口押汇、票据贴现等贸易融资方式,出口卖方信贷主要用于解决本国出口商延期付款销售大型设备或承包国外工程项目所面临的资金周转困难,是一种中长期贷款,通常贷款金额大、贷款期限长。如中国进出口银行发放的出口卖方信贷,根据项目不同,贷款期限可长达10年。

(2)出口卖方信贷的利率一般比较优惠。一国利用政府资金进行利息补贴,可以改善本国出口信贷条件,扩大本国产品的出口,增强本国出口商的国际市场竞争力,进而带动本国经济增长。所以,出口信贷的利率水平一般低于相同条件下资金贷放市场利率,利差由出口国政府补贴。

(3)出口卖方信贷的发放与出口信贷保险相结合。由于出口信贷贷款期限长、金额大,发放银行面临着较大的风险,所以一国政府为了鼓励本国银行或其他金融机构发放出口信贷贷款,一般都设有国家信贷保险机构,对银行发放的出口信贷给予担保,或对出口商履行合同所面临的商业风险和国家风险予以承保。在我国,主要由中国出口信用保险公司承保此类风险。

二、买方信贷

(一)买方信贷的定义

买方信贷是指在大型机械及成套设备等资本品的出口贸易中,由出口商所在国的银行或通过进口地银行为进口商提供的、旨在扩大贷款国资本品出口的低利率优惠贷款。进口商获得此贷款后,就有资金购买出口国提供的机械设备,而出口国同时也扩大了出口。买方信贷包括由出口地银行直接提供贷款给进口商和由出口国通过进口地银行提供贷款给进口商两种形式。由出口方银行直接贷给进口商的，出口方银行通常要求进口方银行提供担保。如由出口方银行贷款给进口方银行，再由进口方银行贷给进口商或使用单位的，进口方银行要负责向出口方银行清偿贷款。

（二）买方信贷的流程

以通过进口国银行提供贷款的买方信贷为例，这种买方信贷涉及的当事人通常有四个：出口商、出口国银行、进口商、进口国银行。具体业务流程如下：

(1)出口商与进口商进行贸易洽谈，约定使用买方信贷。双方签订贸易合同，进口商支付15%左右的现汇定金。

(2)进口国银行与出口国银行之间签订贷款协议。在此之前，两家银行要与各自的买卖当事人接触、洽谈，了解并审查该项贸易。贷款协议以贸易合同为基础，同时具有独立性。

(3)出口国银行向进口国银行贷款，进口国银行再向进口商贷款，进口商以此向出口商支付现汇货款。

(4)进口商按贷款协议向其本地的进口国银行分期归还贷款，进口国银行再分期还款给出口国银行，直到还款完毕。

为了鼓励出口，买方信贷的利率通常都低于正常贷款利率。因此，出口国银行可向本国政府有关部门申请利差补贴，由政府以补贴的形式填补买方信贷与正常贷款利率间的利差。另外，出口商还要将该笔出口信贷的回收风险投保。国家设立专门机构经营出口信贷保险业务，种种措施都是出于促进本国出口贸易的战略目的。

（三）买方信贷与卖方信贷的比较

相同点：它们都适用于国际贸易中大型机械或成套设备的买卖；都是出口国政府为扶持相关产品的出口贸易而提供的；都是优惠性的中长期贷款，期限一般在10年以内；对申请企业都有一定的要求；都要求出口商投保出口信用保险等。

不同点：贷款对象不同，买方信贷针对进口商，而卖方信贷针对出口商；卖方信贷由于是本国银行向本国企业提供，对银行而言风险较小，手续也相对灵活，而买方信贷对出口商来说风险更小，几乎没有，使用卖方信贷则仍可能被对方拖欠货款；买方信贷中的币种一般是国际上的自由兑换货币，而卖方信贷由于是针对本国企业发放，所以用的是本币；买方信贷必须凭出口商的提单等单证才发放等。

本章小结

1. 国际保理是国际贸易中，在以赊销或承兑交单为付款条件的情况下，由出口保理商向出口商提供包括对进口商进行资信调查、坏账担保、货款催收、销售分类账管理以及贸易融资等方面内容在内的综合性金融业务。国际保理可分为双保理和单保理。

2. 打包贷款是指出口地银行为支持出口商按期履行合同、出运交货，向收到合格信用证的出口商提供的用于采购、生产和装运信用证项下货物的专项贷款。

3. 票据贴现是指银行或贴现公司收进未到期的票据，按票面金额扣除贴现日至到期日的利息后付给现款的行为。包买票据又称福费廷业务，是一种以无追索权形式为出口商贴现远期票据的金融服务。

4. 出口押汇是指企业（信用证受益人或托收人）在向银行提交单据议付时，银行（议付行）根据企业的申请，凭企业提交的全套单证相符的单据作为质押进行审核，审核无误后，参照票面金额将款项垫付给企业，然后向开证行或代收行寄单索汇，并向企业收取押汇利息和银行费用并保留追索权的一种短期出口融资业务。进口押汇是指银行收到国外来单后，应进口商要求向其提供的短期资金融通，用于支付该信用证项下款项。另外，进口商还可以利用提货担保先行提货。

5. 卖方信贷和买方信贷是针对国际大型机械或成套设备贸易而产生的中长期融资形式。

思考与练习

一、名词解释

国际保理　票据贴现　包买票据

二、简答题

1. 国际保理适用于哪些情况?
2. 包买票据和票据贴现有何不同?
3. 提货担保和信托收据有什么区别?
4. 简述卖方信贷流程。

第八章　国际结算的风险与防范

学习目标

- 了解各种主要结算方式下可能产生的风险；
- 掌握防范国际结算风险的常用方法。

进口商遭遇信用证欺诈

在国际结算的历史上，有一起著名的信用证欺诈案件。1975 年某日，Discount Record Ltd. 磁带公司向一家法国公司 Promodisc 购买 8 625 台录音机和 825 盒磁带，付款方式为保兑不可撤销信用证。卖方提交的单据表面符合信用证规定，银行按照信用证的内容如期支付了货款。不料 Discount Record Ltd. 磁带公司在验货时发现，事实上法国公司托运的箱子里大多是垃圾，总共 94 只纸箱中，2 只是空的，5 只装了垃圾或包装材料，28 只只装了一部分磁带，实际总共只装运了 275 台录音机和 518 盒磁带，而且这些磁带中只有 25％符合合同要求。法国公司 Promodisc 在信用证单据中作欺诈性陈述的行为，给买方造成了重大损失。

阅读以上材料，结合本章内容思考以下问题：

是否存在一种可以完全杜绝欺诈的国际结算方式？进口商在业务中应该采取怎样的措施来规避案例中这样的欺诈行为呢？

在国际贸易的长期实践中，尽管国际结算的各种方式都形成了各自约定俗成的规则、程序，能够规避可能出现的风险，避免交易双方受到欺诈而造成损失，但在实际经济活动中，还是存在一些不讲信用的企业或个人，有可能在国际结算中欺诈对方，骗取财物，令对方蒙受巨大损失。因此，进出口企业在进行国际结算操作时，应对可能遭遇的风险有所认识，并采取防范措施保护自己的利益不受损害。

第一节　汇款结算方式下的欺诈风险

汇款方式是最简单的国际结算方式，手续简便，费用最少，在当今世界上运用广泛，特别是在发达国家之间的国际贸易结算中。但是，毕竟国际贸易的双方分处于两个国家或地区，往往远隔重洋，如果对贸易对方的信用状况不是那么清楚而贸然采取汇款方式进行结算，就可能会遭受因对方违约而带来的损失。汇款主要是通过电汇、信汇和票汇来进行，汇款方式下的欺诈行为就是利用这三种方式，有的甚至通过假冒印鉴、签字来骗取银行款项。

汇款有预付货款和货到付款两种方式。在预付货款方式下，对于进口商而言，不但要过早地垫付资金，而且面临着出口商收到货款后迟交或不交货的风险；而在货到付款方式下，出口商在发货后就失去了制约进口商的手段，能否收款完全取决于进口商的资信，甚至有可能钱货两空。因此，我国企业在与对方签订贸易合同时，如果确实需要采用汇款方式结算，应当争取采用对己方有利的方式，如我方进口就争取货到付款，我方出口就争取预付货款，并可采用汇款与信用证相结合，或者分批装运、分批付款的方式，尽可能规避结算风险。

款到发货时出口商应确保“款到”再“发货”

我国内地某外贸公司与香港某商社首次签订了一笔出口合同，之后，由于港方拖延，结算工作几经周折，但仍未引起内地出口公司的足够重视，后经协商，最后确定双方以汇款方式结算，内地公司在收到货款后发货。港商立即传来银行汇款凭证，出口方业务人员把传真件送财务部门，并转银行审查，经核对无误。此时，由于船期将尽，内地港口及运输部门催促装船，出口方有关人员认为款既已汇出，就不必等款到再发货，便开始安排装船，并及时发出装船电。发货后一个月，财会人员查询时才发现问题，原来港商到银行买了几张银行汇票，传真过来作为汇款凭证，出口方业务人员不了解汇单的格式，财会及银行人员又不了解具体业务情况，致使港商仅凭一张有银行签字的汇票便使内地公司发了货，待收到装船电后，港商立即把本应寄给出口方的正本汇票退回银行，撤销了这笔汇款。因其正本汇票尚未寄出，汇款又仅系商业信用，银行准予撤销，只收取少量手续费而已。港商这一欺诈行为使内地公司钱、货两空，遭受了严重的经济损失。

实际业务证明，当使用款到发货的汇款方式结算时，付款须以出口方银行收到货款为准，不能仅凭进口方的汇款凭证就放出提单或交货。

撤销汇款致出口商损失案

一次,我国内地某外贸公司与香港某客户首次达成一宗交易,规定以即期不可撤销信用证方式付款。港商提出,做这笔生意是想把货物转售给G国另一客商,故贸易合同规定由中方直接将货物装运至G国。但由于进口商借故拖延,经我方几番催促,最终于约定装运期前4天才收到港方开来的信用证,且信用证条款多处与合同不符。若不修改信用证,则我方不能安全收汇,但由于去往G国收货地的航线每月只有一班船,若赶不上此次船期,出运货物的时间和收汇时间都将耽误。在内地公司坚持不修改信用证就不能装船的情况下,港商提出使用电汇方式把货款汇过来。内地公司同意在收到对方汇款传真后再发货,并且第二天就收到了对方发来的汇款凭证传真件,经银行审核无误。同时,由于内地港口及运输部门多次催促装箱装船,出口公司有关人员认为货款既已汇出,就不必等款到再发货了,于是及时发运了货物并向港商发了装船电文。发货后一个月仍未见款项汇到,经财务人员查询才知,港商不过是在银行买了一张有银行签字的汇票传真给出口方作为汇款的凭证,在收到发货电文之后,便把本应寄给内地外贸公司的汇票退回给银行,撤销了这笔汇款。港商的欺诈行为致使内地公司损失惨重。

如果买方使用支票付款,更要注意须等支票到账并且过了退票期之后才能确认已收货款。因为支票付款后有7～10个工作日的退票期,在退票期内,出票人要求退回支票所付货款均有效,只有在7～10个工作日内未见退票,这笔货款才算收妥。

收到支票不等于收到货款

A公司有位加拿大客户,一直是通过电汇或支票付款,一般大额付款都是电汇,小额付款是支票付款,业务员收到支票后即将提货单据寄给客户,然后再通过代理行向对方银行收款,由于每次金额都比较小,一直没有发生问题。客户利用A公司新、老业务员交替,新业务员对客户的信任和经验不足,签发了一张32万加元的支票给卖方。该业务员一直认为支票到手即货款到手,马上把32万加元的货物提单寄给客户,结果是货被提走,支票被出票人止付,客户公司随告倒闭,支票成了废票。这是买方故意欺诈,也有因突发事件致使支票无法兑现的事情。同样是A公司的另一名业务员,一直与客户用支票付款,每次收到支票后即放货,结果最后一笔货款约10万美元却无法收回,原来客户开的酒店偷税漏税,被美国税务当局查获,没收了所有财产,冻结了银行账户,支票被付款银行拒付退回,至今也未能追讨到货款。

资料来源：杨斌兵、蔡永芳：《如何恰当运用非信用证支付方式》，《对外经贸实务》2000 年第 10 期，第 35～36 页。

第二节　跟单托收方式下的欺诈风险

在国际贸易结算中较多使用的跟单托收方式，是把代表货物所有权的货运单据的交付和货款的收付结合起来，除人的信用外，还有物的保障，较之汇款结算方式前进了一步。但跟单托收仍是建立在商业信用的基础上，银行并不承担付款的责任，也不过问单据的真伪。因此，出口商在发货后能否收到货款，主要取决于进口商的信用；进口商在付款后能否收到合同项下符合要求的货物，从单据表面上也是无从判断的，仍要取决于出口商的信用。

一、伪造单据的风险

在托收结算的付款交单方式下，银行在进口商付款之后，才将代表物权的单据交给进口商。但是，银行并不审查单据的内容，也不负责单据的真伪，进口商在付款之后，有可能得到的根本就是伪造的单据，或者表面上符合合同，实际货物却与合同不符，面临着钱、货两失的风险。

伪造托收单据致进口商损失案

我国某外贸公司与日本某出口商签订合同，进口一批彩电，采用托收方式结算，即期付款交单。在接到银行付款通知后，我方公司支付全部货款，拿到单据，但提货后才发现，实际货物根本不是合同上和提单上写明的彩电，而是一批老旧的黑白电视机，但此时款项已付，再联系时却无法找到对方，这才意识到遭受欺诈。后来我方公司只好将这批黑白电视机低价销售，蒙受了较大的经济损失。

二、伪造票据的风险

托收中往往涉及银行票据，票据是无条件的付款命令或承诺，本来对出口方收汇有利，但如果票据系伪造，出口商就无法收回货款。因此，对不了解的进口商寄来的汇票，应当谨慎处理。

一起虚假票据诈骗案

我国某公司收到尼日利亚某商人寄来的汇票一张，用于购买该公司出口商品的样品。以前双方从未有过业务往来，据对方信中所言，是从我国出口企业名录上查到我公司名称、地址及经营商品范围的，由于看到我公司商品的品种、价格均符合要求，所以寄来汇票作为购买样品的预付货款，并表示如样品收到后质量没有问题，还要大量订购。所寄汇票的金额比实际购价高，且对方对商品规格、质量等无任何要求，只要求速以空运形式发货，并在汇票背面注明“空运货物后将航空运单附在该票后送付款行托收”字样。由于我公司是首次接触此类业务，持票来银行咨询。银行发觉此笔交易有几处重要疑点：如汇票背面文字对付款行并无任何约束，因为汇票是无条件书面支付命令；另外，航空运单不是物权凭证，对方提货时不以交出航空运单为条件，收货人只要证明其是货运单的真正收货人，承运人即可交货，我方一旦空运发货，就不能掌握物权。为防止有诈，银行提醒公司不要发货并采取各种方法确认。后查明该票据确系伪造票据，该尼日利亚商人就是利用我方公司往往急于创汇的心理，以优惠价格预付货款，并声称以后还要大量订货以引诱公司上当受骗，通过伪造汇票，骗取我方公司提前发货从而非法牟利。

三、承兑交单的风险

如果合同中采取的是远期付款的方式，则托收又有了远期付款交单和承兑交单的区别。在承兑交单方式下，出口商交货时未能结清款项，承担着较大的风险；而采用远期付款交单，进口商又承担着货到码头却因汇票未到期，无法结款也无法提货，从而可能蒙受货物损失的风险。

承兑交单致出口商损失案

法国巴黎的凯曼公司主要经营中国的工艺品，由于经营不善，自某年开始，巴黎商事法院即指定法律代表负责清理该公司的债权债务，随时都有宣告该公司破产倒闭的可能。而对于凯曼公司的这些情况，我国国内有关公司却毫无所知，汕头市某贸易公司在经人介绍后与凯曼公司建立了业务关系，首先采用付款交单方式收款，进展顺利，对凯曼公司某年第二、第三笔贸易的警惕性有所放松。当货物出口后，凯曼公司致电要求将付款交单改为承兑交单，汕头公司担心货物在港口积压，在未对凯曼公司的资信状况进行调查的情况下轻易同意，结果货物被凯曼公司提走了一年半之久，汕头公司也还分文未收，加之凯曼公司濒于破产，我方公司有望获取清偿债务的可能性极小。

四、远期付款交单的风险

远期付款交单这种托收方式，国际商会不提倡使用，因为它对进口方较为不利，可能出现货物滞留码头无法提货的情况，使货物面临着更多变质、毁损、灭失的风险。作为出口商，也要慎重使用远期付款交单的方式，这是由于在有些国家，远期付款交单的作用等同于承兑交单，银行可能提前放单，如果进口商信用不好，出口商就有可能收不回货款。

> **使用远期付款交单方式时应考虑进口国习惯**
>
> 我国某贸易公司与南美某国签订外贸进出口合同，向该国出口一批产品，采用远期付款交单的托收方式。我方公司发货之后，到了汇票到期日，并未收到货款，联系了外国代收行，才发现代收行早已凭进口商的承兑而交单。我方公司起诉代收行提前放单败诉，原因是在该国，远期付款交单和承兑交单是一个意思，银行的操作符合当地法律。而根据我国《票据法》，票据的接受、承兑、付款，适用行为发生地的法律，银行并未违法操作。因此，采用远期付款交单一定要谨慎。

第三节　信用证结算方式下的欺诈风险

信用证是我国企业经常采用的结算方式，由于是基于银行信用，对交易双方都比较有保障，尤其是在很大程度上保障了出口商的合法权益。然而，尽管信用证是以银行信用作保证的结算方式，但它毕竟建立在商业行为的基础上，而各国当事人并非绝对恪守信用，这使信用证同样存在信用风险。加之国际贸易的跨国性，交易双方在贸易法规、商业习惯、语言文字等方面存在较大差异，进行市场调查、信用调查、交易接洽存在诸多不便，国际汇兑计算、货物的运输和保险又极为复杂，诈骗者便利用这些条件为掩护进行欺诈。

一、开证申请人可能遭受的欺诈

1. 伪造单据

信用证项下的伪造单据诈骗与托收方式下类似，由于根据信用证业务的国际惯例，银行只处理表面合格的单据，不对货物负责，欺诈者就利用信用证凭单付款独立于合同的特性，将根本不存在的货物载入假造的提单和其他有关单据，迫使开证行在单证相符的情况下无条件付款。进口商发现上当要求赔偿时，由于开证行和议付行均不负赔偿之责，保险公司也不承担货物未上船的索赔，因此买方的损失很难挽回。

2. 提供虚假清洁提单

在货物装运时，如果货物或包装存在缺陷，本应签发不清洁提单。但是，由于进口商和银行一般都不接受不清洁提单，有的出口商就会串通承运人，令承运人开出清洁提单，具体做法是向承运人出具赔偿保证书。这时进口商收到的清洁提单是虚假的，误以为货物在装船时一切正常，等发现货物存在问题时为时已晚。出口商通过这样的方式，将本应由自己承担的损失转嫁给了进口商或保险公司，属于出口商与承运人串通共谋进行的欺诈。

3. 倒签和预借提单

信用证通常规定装船期限，以督促出口商在一定期限内交运，否则将无法取得信用证项下的货款。如果出口商因各种原因没有来得及在装船期限内完成装船，就无法收回货款。有的出口商就采取倒签或预借提单的方式，使提单上显示的日期符合信用证规定，进口商收到的提单符合信用证要求，但实际的装船时间却是滞后的，进口商不能够按时收到货物，因此就有可能面临因市场价格突然波动或市场季节性变化带来的风险。

4. 倒填议付和兑付日期

信用证须规定付款、承兑或议付的到期日，并视为提交单据的有效期限。如果受益人未能在此期限内提示跟单汇票和单证，就无法获取信用证项下的货款。在此情况下，受益人可能要求出口地银行倒填付款、承兑或议付日期，以便顺利结汇。这种作弊行为损害了进口商的利益。

5. 短装与冒装货物

出口商提交的单据符合合同和信用证的要求，因而能够顺利结汇，但实际装运的货物则是缺斤短两，甚至是完全不同的。进口商在提货时才会发现受骗上当，但结算活动已经完成，也不能以此追究银行的责任，只能与出口商联系解决，而此时骗取了货款的出口商早已逃之夭夭。

6. 可转让信用证和对背信用证下的欺诈

可转让信用证和对背信用证都适用于中间贸易，一些不法中间商和供货商便利用进口商对信用证项下真正供货商的情况不知悉的特点，从中行骗，以无充有，以劣充好，特别是这些中间商往往以自然人的身份出现，而且一旦得手就消失不见，使进口商蒙受损失。

二、受益人可能遭受的欺诈

1. 假冒信用证

由于贸易双方分处两国，出口商对对方国家的银行往往缺乏了解，不法企业就利用这一点，使用根本不存在的开证行开立或冒用其他银行名义开立的假冒信用证，骗取出口商的预付佣金、质押金、履约金或货物。假冒信用证的主要特征有：电开信用证无密押；电开信用证声称使用第三家银行密押，而所谓的第三家银行的确认电文并未加押；信开信用证的签字无从核对；行名、地点不明；求寄往的第三家收单行不存在；不采用通知行，直接开向受益人；信用证金额大而有效期短；规定收到信用证立即支付佣金或立即发货等。此类假冒信用证的案例有很多。尽管出口企业对银行的了解往往不是很专业，而核对信用证是否假冒的任务也主要由通知行承担，但出口企业在收到信用证时也应当慎重，如果发现可疑之处，特别是要求履行义务过于急切，而有关其本身的信息却显得模糊的时候，应当引起注意，必要时向银行咨询，证实信用证的真伪。

2.“软条款”信用证

“软条款”信用证是一种利用表达不清的语句、难以达到的付款条件、极其苛刻的要求等对出口商设置陷阱，达到进口商随时可能单方面撤销付款目的的信用证。这些设置陷阱的条款称作“软条款”。比如，规定信用证开出后暂不生效，须待开证行签发通知后生效；船公司、船名、启运港、目的港、验货人、装船日期须待开证申请人通知或须经开证申请人同意，并以修改书形式通知；品质证书须由开证申请人出具，或须由开证行核实或与开证行存档之样相符；收货收据须由开证申请人签发或核实；等等。这些条款看似合理，实际上或影响着信用证的效力，令出口商陷于被动，或令出口商难以达成，最终遭受拒付。因此，出口商在收到信用证时，一定要仔细审证，及时发现这些不合理的条款并要求对方修改，否则就极易遭受损失。

常见的信用证软条款

实践中，比较常见的软条款主要有以下几种情况：

(1)规定信用证生效条件，如：

● 信用证暂时不生效，何时生效由银行另行通知。

● 信用证规定必须由申请人或其指定的签字人验货并签署质量检验合格证书，才能付款或生效。

● 信用证对银行的付款、承兑行为规定了若干前提条件，如货物清关后才支付、收到其他银行的款项才支付等。

(2)需要申请人确认，如：

● 有关运输事项如船名、装船日期、装卸港等须以申请人修改后的通知为准。

● 装运前检验须由申请人派来的代表进行并签发证书等。

(3)信用证条款矛盾。信用证前后条款互相矛盾,受益人是无论如何也做不到单单一致的。

但是,具有上述条款的信用证,并不必然就是“软条款”信用证,如最高人民法院最近公布的一案例〔法公布(2001)第2号〕中,信用证规定:“由申请人发出之货品收据,申请人之签字必须与开证银行持有之签字式样相符。”一、二审法院都不认为该条款属于软条款,而认定受益人所提交单据的签字因与银行持有的签字式样不符而构成单证不符。又如申请人派人来进行装运前检验,开出的证书俗称“客检证”,有些外贸企业在业务中也确实是经常这样操作的。

实践中,由于各当事人之间的交易习惯和经常性做法不一,有些要求对于某些当事人而言属于软条款,而对于另一些当事人就不是软条款而是正常做法所要求的条款。因此,判断何谓软条款,尚需要结合当事人的交易习惯和做法予以判断,而不能简单地下结论。前面提及的一些主要的软条款现象,也只是作为一种判断的参考。总之,对于何谓软条款,是需要根据个案具体问题具体分析的。

三、银行可能遭受的欺诈

在国际结算中,银行也可能遭遇贸易一方甚至双方勾结欺诈,被骗取款项、授信额度等。

第四节 国际结算欺诈行为的防范

具体防范措施包括:

1. 选择适当的结算方式

国际贸易竞争日益激烈,在这种背景下,有的企业为了争取订单,在结算方式上“很好说话”,对方说什么就是什么,为日后遭遇结算风险埋下了隐患。确定一笔贸易的结算方式,企业应当从自身利益出发,尽可能选择对自己有利和能令自己减少风险的方式。

(1)考虑对方资信等方面的情况

无论竞争如何激烈,贸易伙伴的资信都应该是首先考虑的问题。如果对方的资信情况很好,才可以采用汇款、托收这样的结算方式,如果对方资信情况一般,或者双方首次交易,彼此缺乏了解,最好采取信用证方式,甚至采用履约担保、开立备用信用证、要求对方提供抵押和施行留置权等方式以保证履约。所谓资信良好，包括两个方面：一是其资产情况好，有充足的资产，并且经营良好，有履约能力；二是其商业道德好，能在诚实信用的原则基础上履约，不会肆意撕毁、违背合同。做好客户的资信调查，可以通过对方所在国的往来银行、资信评估机构、专门的资信调查公司以及公司驻外机构、经济贸易网络等渠道进行，必要时还可以进行实地考察，以便对其组织结构、经营范围、经营能力、政治背景等方面做到心中有数，加强资信调查的准确度。再者，不同国家在结算方面可能有着不同的规定，多了解一些对方国家的习惯做法、有关规定，就能更好地作出选择。如果对方是进口方，那么对方国家的外贸政策、进口管制情况也是需要了解的。

(2)考虑货物供求状况

对于出口商，如果是出口滞销货品，由于急于处理，结算方式可以比较宽松，比如用货到付款或承兑交单等。但如果是畅销货，不愁出路，则应该坚持对自身有利的结算方式，可以要求对方预付货款。对于进口商，紧俏商品的进口不妨作些让步，而如果是市场供大于求的产品，则应坚持对自己有利的条件。外贸企业应密切注意国际市场行情，特别是当货物销路不佳时，更应采取必要的事前防范措施，严格按合同和有关规定办事，以免给进口方钻空子，使出口商受损。

(3)考虑交易金额大小

在实务中，像电汇这样快捷、便利、费用低廉但风险较高的结算方式，多用于小额结算。而大额的货物买卖，为了有效收回货款，宜采取信用证结算的方式。

2. 慎重选择合作银行

在进出口贸易实践中，不少欺诈案例都是国外不法商人串通开证行进行的；有些企业受到欺骗和损失，与合作银行业务不熟练、操作失误等也有关系。所以，企业应当像选择贸易伙伴一样，慎重地选择合作银行。

(1)对开证行的选择

开证申请人在开证时就涉及选择开证行的问题。一般会选择与自己有业务往来的、资信状况良好的银行。但对于出口商来说，也应当注意开证行的身份。出口商接到国外来证时，一定要对开证行的资信进行审查。一方面，出口商可以通过其往来业务银行或代理行对开证行的资信状况进行调查，如果没有往来银行，也可以委托中国银行进行付费的国外银行资信查询。另一方面，出口商也可以自己搜集资料来了解开证行的资信，可以利用网络搜索引擎搜索开证行的排名，或利用资信评定机构所发表的资料。例如，国际上的标准普尔（Standard & Poor's）、穆迪公司（Moody's Investors Service）、惠誉国际信用评级有限公司（Fitch Ratings）等都是权威的资信评定机构。经过查询，如果开证银行资信欠佳，应要求开证申请人更换开证行，如果不能更换，则要让资信状况信得过的银行加以保兑，或要求由偿付行确认偿付，或考虑其他方式规避风险。

开证行擅自放单致出口商损失案

国内某出口商与国外某客户签订买卖合同，向其出口一批价值120万美元的机电产品，结算方式为不可撤销的即期信用证。信用证开来后，出口商备货装运完毕，顺利办理议付，但议付行向开证行交单后，却迟迟得不到回音。对方开证行既没有提出单证不符，也不履行付款义务。后经过调查，开证行在未提出不符点、未付款的情况下，竟然擅自将信用证下单据放给进口商，此时进口商早已提取全部货物。出口商通过议付行向开证行抗辩无果，追索进口商，又被进口商趁机压价，造成损失。

(2)对通知行和议付行的选择

业务熟练、信用卓著的通知行，将会在核对信用证密押、确认信用证的真伪、识别信用证软条款等方面更加专业，能够帮受益人识破可能存在的欺诈，避免很多风险。而好的议付行会仔细核对审查受益人交来的单据，并安全快捷地传递单据，保障受益人的收汇，一旦遭到开证行拒付，还会尽量与开证行协调沟通，而不是立即向受益人追索款项。所以，选择良好的通知行和议付行，对受益人来说也是十分重要的。

3. 工作规范，重视审证、审单

托收和信用证方式下，都要涉及单据的问题，而提交符合要求的单据是取得款项的条件。出口商在接到信用证时，首先要判别信用证的真伪，为了降低判别的难度，可以在合同中约定出口商了解和信任的开证行，或要求信用卓著的银行加以保兑。外贸企业应积累业务经验，相关的贸易或付款一定要在信用证的密押、印鉴核对相符后才能进行，以避免不法分子利用伪造票据、伪造信用证、伪造保函等手段进行欺诈活动。其次要注意分辨信用证上是否有“需××条件生效”这样的生效条件或根本无法取得的单据等软条款，如果有，一定要及时要求对方改证，不能疏忽大意。出口商要严格按照信用证的要求准备和提交单据，进口商也要仔细审单之后才能付款。对于进口商而言，应学会有效地运用单据来保护自己的利益，如在信用证中规定提交各种检验证明或其他证明性质的单据、要求提供反担保等。如果进口商在出口地设有机构，还可规定出口商须取得该机构开立的检验证明，以免出口商短装、不装、错装货物构成欺诈。

为避免欺诈行为的产生，除了要认真审查对方交付的单据外，还应严格规范自身行为，不给对方以可乘之机。首先，应严格遵守国际贸易结算中的国际惯例规则。惯例虽不是法律，但在适用时，对所有当事人都有约束力，这是避免欺诈的重要环节。例如，在信用证结算中，买方开证指示必须完整明确，避免模棱两可、词意不清，让对方有机可乘；对于卖方，如发现信用证所规定的条件与买卖合同不符，应要求买方正式修改或删除，不可将错就错；对于开证银行和其他有关银行，应以合理的注意力审查单证，严把关口。其次，参与结算的各方当事人，应在各项惯例规则下，正确理解各种结算方式的实质和利弊，以明确自己在其间的地位和权责，并尽量选择一项对自己最为有利、风险最小的结算方式，从而减少被欺诈的可能性。

4. 分批发货，分批收汇

对于出口企业而言，面临的最大风险是发货后收不到货款，而对于进口企业，也害怕预付款项后无法获取所需货物。如能采取进口方先支付部分订金，出口企业收订金后发货，进口方收货后再支付余款的结算方式，双方的风险都可降低。这种分批发货、分批收汇的方式，适用于我国许多中小型外贸企业，在实践中应用较为广泛。

分批发货，分批收汇，巧接外商苛刻单

某外国进口商欲购80万美元的纺织品面料，要求采用货到付款的支付方法，但在签订合约时只能预付10%(即8万美元)的订金。此订单数额不小，对当地许多企业有着不小的吸引力，但该客户开出的只付10%订金的条件却令大多数企业望而却步。有的业务员说，第一次合作，只付10%的订金，数量金额又这么大，风险程度太高，哪敢下单；还有人说，只要它肯付三成的订金，我就可以接这个单子了，可是客户咬定只付一成，风险实在太大。

最后，有一家企业接了这个单，接受客户提出的只付一成订金的条件，但同时也提出了自己的条件，就是收到订金后，第一次只发价值10多万美元的货物，在第一批货物的货款收妥后，再发运第二批货，第三批的发货视第二批的收汇情况而定。这样一来，虽然仍然是8万美元，但对于这家企业来说，实际上等于收到了第一批货物70%以上的货款，面临的风险就大大降低了。通过磋商，客户同意了这一做法，之后双方顺利完成了此笔业务，我方企业得到了一笔可观的收入，同时也开拓了一个新的客户和一个新的市场。

5. 采用综合支付方式

(1)汇款与托收相结合

合同可规定用电汇方式支付订金，装船后再汇部分货款，余下货款采用托收方式。这样既能保证出口方及时履行按时发货的义务，又能约束进口方及时付款，同时还能节省银行费用的支出，节省了贸易时间。

(2)汇款与信用证相结合

在信用证中规定凭货运单据支付发票金额的一部分，余款等货物到达目的港并经检验后用汇款方式支付。这样既保证了出口商能够有保障地收回货款，也保护了进口商不致收到不符合同的货物。

(3)托收与信用证相结合

在进口时可以采用付款交单托收方式或者跟单信用证方式，在信用证中规定卖方开两张汇票，属于信用证部分的汇票买方付款时不要求附带任何单据，属于托收部分的汇票则要在提示汇票时附上全套单据，买方按即期或远期付款。

(4)汇款与银行保函相结合

汇款与银行保函相结合，即由卖方通过银行向买方出具保函，保证卖方先汇付一部分订金或货款，余款则等货物装船后，卖方提供装运清单时再行支付。

6. 求助国际商会专门机构

国际商会及其下属机构，通过制订政策、惯例，提供实用服务等方式，规范着国际贸易与结算行为。国际商会在为减少贸易纠纷、缩短和简化贸易程序、推动国际贸易发展的过程中发挥了积极作用。国际商会为商业界设立了提供广泛实用性服务的机构，包括仲裁院和伦敦国际海事局。其中，国际海事局是隶属于国际商会的专门从事反国际贸易犯罪的机构。国际海事局的设置目的包括：制止有意或有欺诈嫌疑的国际海事欺诈；收集国际海事欺诈的有关资料，并提供给其会员和有关机构；尽力向有被欺诈可能的当事人提供有关信息；向有关组织和公司提供有关防范措施的建议；培养防范国际海事欺诈的专门人才；进行全球性调查，帮助受害人挽回经济损失；等等。国际海事局为会员提供咨询、侦查、分析单据、发出警戒通知等服务，它拥有国际海事欺诈的资料库，可供会员查阅，并定期向会员发放近期出现的国际贸易海事欺诈的绝密报告。会员在交易前还可以通过海事局调查交易对手的资信情况。对于出现的国际贸易海事欺诈案件，海事局会进行侦查，并帮助受害人挽回因国际贸易欺诈所造成的损失。国际海事局还可以为银行、商业机构和贸易商鉴定、分析提单和确认有关单证的真伪，对企图非法绕航偷运货物的船舶和船东予以警戒并及时通知有关会员，不定期出版发行特别报告以提醒国际社会对国际贸易与结算欺诈加以警惕和防范。积极参与国际社会的有关活动，利用国际机构的服务和咨询，是防范国际贸易与结算欺诈的有效途径。

7. 使用信用保险

目前，我国出口企业如果在业务过程中担心承受收不回货款的风险，可以求助中国出口信用保险公司，办理出口信用保险。

出口信用保险助企业挽回损失

浙江有4家企业同为美国某公司的长期合作商，由于该美国公司是一家较大的经销商，历史悠久，信誉口碑较好，这4家国内企业一直按照放账的结算方式进行交易。2010 年底，美国公司开始拖欠到期货款，经过调查，发现该公司因销售下滑、资不抵债，已向美国法院申请破产保护。4 家国内企业预计收不回货款，因为已经投保了出口信用保险，故向中国出口信用保险公司报损。

中国出口信用保险公司在接获报损，确认了美国公司破产的事实后，根据保单约定及时给予了 4 家企业总计 536.7 万美元的赔付。这 4 家企业的出口信用风险得以化解。

中国出口信用保险公司，简称中信保，是国务院批准成立的唯一一家承办出口信用保险业务的政策性保险公司，目前开展的主要业务有：

(1)短期出口信用保险

短期出口信用保险一般用来保障信用期限在一年以内的出口收汇风险，适用于出口企业从事以信用证(L/C)、付款交单(D/P)、承兑交单(D/A)、赊销(OA)为结算方式的自中国出口或转口的贸易。承保风险包括商业风险和政治风险。其中，商业风险包括：买方破产或无力偿付债务；买方拖欠货款；买方拒绝接受货物；开证行破产、停业或被接管；单证相符、单单相符时开证行拖欠或在远期信用项下拒绝承兑。政治风险包括：买方或开证行所在国家、地区禁止或限制买方或开证行向被保险人支付货款或信用证款项；禁止进口买方购买的货物或撤销已发放给买方的进口许可证；发生战争、内战或者暴动，导致买方无法履行合同或开证行不能履行信用证项下的付款义务；买方支付货款须经过的第三国颁布延期付款令。

(2)中长期出口信用保险

中长期出口信用保险旨在鼓励我国出口企业积极参与国际竞争，特别是高科技、高附加值的机电产品和成套设备等资本性货物的出口以及海外工程承包项目，支持银行等金融机构为出口贸易提供信贷融资。中长期出口信用保险通过承担保单列明的商业风险和政治风险，使被保险人得以有效规避出口企业收回延期付款的风险和融资机构收回贷款本金和利息的风险。

(3)投资保险

投资保险通过向跨境投资者提供中长期政治风险保险及相关投资风险咨询服务，积极配合我国外交、外贸、产业、财政、金融等政策，为跨境投资活动提供风险保障，对保单项下规定的损失进行赔偿，支持和鼓励投资者积极开拓海外市场，更好地利用国外的资源优势，以促进经济发展。

(4)国内贸易信用保险

国内贸易信用保险可以弥补企业在国内贸易中因买方破产或买方拖欠货款

而遭受的应收账款损失，可以有效化解国内贸易应收账款的风险，帮助企业合理选择贸易伙伴，减少坏账准备，拓宽融资渠道，提升信用风险管理水平。

(5)担保业务

担保业务用来服务国内出口企业和提供出口融资的银行，旨在为企业提升信用等级，帮助企业解决出口融资困难。其担保范围为：在出口贸易、对外工程承包和海外投资项目中，出口商或工程承包商按照有关合同履行合同约定的义务，作为担保人向交易的另一方或银行出具保函/保证合同，承诺在出口商或工程承包商未能履行合同约定时，由中国出口信用保险公司按照保函/保证合同的约定履行责任。

(6)资信评估

中国出口信用保险公司资信评估中心(SinoRating)，是面向国内外客户、提供资信产品及信用与风险管理解决方案的专业资信机构，拥有包括工商局、统计局、法院、金融机构、外汇管理局、行业协会在内的国内信息渠道，以及由85个境内外战略合作伙伴组成的全球信息网络，覆盖200多个国家和地区的信息渠道，以及涵盖超过600万家国内企业信息及60万家海外企业资信信息、美国海关信息、船舶信息、破产信息等的全球企业数据库。自2002年成立以来，SinoRating凭借其独特的核心竞争力，为客户提供质量稳定可靠的各类专业资信调查报告、行业分析报告、信用评级与风险管理咨询服务，有效地满足了各类企业对投资、经营和管理中的风险进行防范的需要。SinoRating已经成长为中国最具权威性和专业性的资信产品及信用与风险管理方案的提供者之一。

江苏信保推动江苏外贸

记者近日从中国出口信用保险江苏分公司(以下简称“江苏信保”)了解到，截至6月底，上半年江苏信保累计支持江苏出口达150.5亿美元，同比增长31.1%，超过2009年全年的承保总量，承保规模继续位居全国各省(市)之首。

1. 积极推动江苏外贸转型升级

针对主要地市的产业特点和发展需要，江苏信保紧密围绕中央和地方大力支持和鼓励的新兴战略产业和重点行业，进一步细分市场，逐步形成了苏南光伏、沿江船舶、苏州电子信息和加工贸易、南京省级外贸、南通家纺、徐州汽车工程机械等一批在地方“拿得出、叫得响、有影响”的特色承保集群，在推动江苏形成更多的出口超百亿美元拳头产品的过程中发挥了积极作用。

上半年，江苏信保支持高新技术产品出口59亿美元，同比增长58.2%；支持机电产品出口81.2亿美元，同比增长23.1%；支持光伏产品出口44.5

亿美元，同比增长62.4%；支持纺织服装产品出口20.9亿美元，同比增长26.1%，有力地促进了江苏省出口产品结构的优化。

在进一步巩固江苏企业对欧美和日本等传统市场出口份额的基础上，江苏信保大力引导和支持出口企业开拓新兴市场。上半年，江苏信保累计支持新兴市场出口58.4亿美元，同比增长14.2%，进一步推动了全省出口市场的多元化，降低了对欧盟、美国等传统市场的依赖度。

2. 着力搭建融资平台

上半年，江苏信保与各级地方政府共同深化了贸银信融资平台建设，进一步推动了与中行、建行、中信、恒生、台湾彰化银行等合作伙伴的协作，着力加大信保融资力度。

目前，江苏信保已经形成了自己的银行渠道核心圈，累计合作银行数达到35家，有效搭建了融资平台。截至6月底，江苏信保累计推动实现各类保单融资127亿元人民币，同比增长19.5%，进一步发挥了出口信用保险对于出口企业的"造血"功能。

3. 理赔服务水平有效提升

上半年，江苏外贸投保企业的出险主要集中在光伏、船舶等行业以及欧洲等重点出口市场。针对上述情况，江苏信保积极响应，迅速推广"理赔绿色通道"，平均结案时间较普通案件缩短了2/3；建立"风险管控建议书"制度，及时为保户在合同签订、质量争议或保单履约中出现的问题提供风险防范建议。

今年2月，正是在江苏信保的积极介入下，无锡某企业200多万美元的货款才得以追回，从企业报损到江苏信保采取有效行动，前后仅3天时间。上半年，江苏信保累计处理各类赔案312件，为企业追回海外欠款1 340.7万美元，及时向出口企业支付赔款1 290.82万美元。

目前，江苏出口信用保险的市场覆盖面进一步扩大，对江苏省一般贸易渗透率达到25.6%，为促进外贸出口增长、实现"十二五"良好开局提供了新的动力。

资源来源：《中国保险报》，2011年8月2日。

8. 其他措施

另外，在国际结算中对许多细节问题的把握，将保证交易双方最大限度地规避风险。例如，当卖方发出已装船通知时，买方如果有能力，应立即去核实消息的可靠性。如果是卖方租船订舱，买方也应当注意货物是否有"上了贼船"的可能。在贸易术语的选择上，尽量争取能够由己方来办理运输保险，这样，作为出口商不至于因等待船期或保险衔接不上而产生诸多不便，作为进口商则保证了货期，也减少了船方和出口方勾结签发假提单的可能性。即期付款对出口方有利，而远期信用证对进口方有利。总之，贸易双方应充分意识到结算欺诈风险的存在，并在谈判、交易、结算的整个流程中不放过任何可能存在问题的地方，精进业务、谨慎行为，选取适当的应对措施，才能最大限度地防范国际结算中的欺诈，将风险减小到最低。

第五节　国际结算汇率风险

前面几节我们主要针对的是在国际结算的过程中由于一方外贸当事人存心欺诈而给另一方带来的风险。事实上，国际结算中还存在着其他原因所造成的风险，如政局不稳、战争、政变等造成的政治风险，国家外汇管制、贸易管制造成的国家风险，还有因汇率波动呈现不利变化而带来的汇率风险。对我国企业而言，在从事外贸活动的过程中，结算货币通常是美元、欧元、英镑等外币而不是我们自己国家的本币，这就使得外贸利润难免受到汇率波动的影响，严重时还会威胁到企业的生存。

一、汇率风险概述

汇率风险又称外汇风险，是指经济主体在持有或运用外汇的经济活动中，因汇率变动而蒙受损失的可能性。汇率风险又可以分为两类：一是折算汇率风险，又称会计风险，是指经济主体对资产负债表的会计处理中，将经济主体与经营活动中流转使用的各种货币（功能货币）转换成编制综合财务报表时使用的报告货币（记账货币）时，因汇率变动而导致账面损失的可能性；二是经济汇率风险，又称经营风险，是指意料之外的汇率变动通过影响企业的生产销售数量、价格、成本，引起企业未来一定期间收益或现金流量减少的一种潜在损失。如果企业进行国际结算活动使用的货币是本币，或是与本币之间利率固定的外币，就不会存在汇率风险了。但是，自 1973 年布雷顿森林固定汇率体系崩溃，特别是 1976 年牙买加协议正式承认浮动汇率制的合法性以来，控制在一定波动范围的固定汇率制随之解体。目前，世界各国普遍实行浮动汇率制，美元、日元、欧元、英镑等主要货币之间的比价时刻都处在剧烈的上下起伏变动之中，我国处在这样一个实行浮动汇率制的国际货币体系之中，汇率风险就严重地影响着进行国际贸易和结算的企业。

二、汇率波动的影响因素

既然汇率风险因汇率波动而起，就有必要了解影响汇率波动的因素是什么。

影响汇率的因素一般分为以下几种：

1. 国际收支及外汇储备

所谓国际收支，就是一个国家的货币收入总额与付给其他国家的货币支出总额的对比。如果货币收入总额大于支出总额，便会出现国际收支顺差；反之，则是国际收支逆差。国际收支状况对一国汇率的变动能产生直接的影响。发生国际收支顺差，会使该国货币对外汇率上升；反之，该国货币汇率下跌。

2. 利率

利率作为一国借贷状况的基本反映，对汇率波动起决定性作用。利率水平直接对国际间的资本流动产生影响，高利率国家发生资本流入，低利率国家则发生资本外流，资本流动会造成外汇市场供求关系的变化，从而对外汇汇率的波动产生影响。一般而言，一国利率提高，将导致该国货币升值；反之，该国货币贬值。

3. 通货膨胀

一般来说，通货膨胀会导致本国货币汇率下跌，通货膨胀的缓解会使汇率上浮；通货膨胀影响本币的价值和购买力，会引发出口商品竞争力减弱、进口商品增加；通货膨胀还会对外汇市场产生心理影响，削弱本币在国际市场上的信用和地位。这三方面的影响都会导致本币贬值。

4. 政治局势

一国及国际间政治局势的变化，都会对外汇市场产生影响。政治局势的变化一般包括政治冲突、军事冲突、选举和政权更迭等，这些政治因素对汇率的影响有时很大，但影响时限一般都很短。

三、当前我国企业面临的汇率风险

2005 年 7 月 1 日，我国开始实行"以市场供求为基础、参考一篮子货币进行调节、有管理的浮动汇率制度"。从 2006 年 5 月 15 日人民币兑美元汇率中间价破 8，达到 1 美元兑 7.998 2 元人民币开始，人民币相对于美元逐渐升值，2011 年 8 月，人民币兑美元汇率一路小跑，连破数个关口，一举进入"6.3"时代。16 日，人民币兑美元汇率中间价报 6.392 5，连续 5 个交易日创汇改以来新高。17 日，1 美元对人民币报 6.399 6 元，较前一个交易日走低 71 个基点，暂别连日以来的升势。18 日，人民币兑美元汇率中间价报 6.394 2，再拾升势。在人民币升值的同时，汇率浮动也加剧了，2012 年 4 月央行公告，自当年 4 月 16 日起，人民币兑美元汇率日浮动幅度由 5‰扩大到 1%。

人民币的升值，使得许多外贸企业被迫寻找新的出路。过去，我国企业对外贸易主要凭借的是国内廉价劳动力所形成的价格优势，而随着人民币的升值，这种优势正在逐渐减弱，一部分寻找廉价劳动力的发达国家企业转向了东南亚一些劳动力成本更为低廉的国家，致使我国外贸企业的订单量受到影响。而争取到外贸订单的企业，也发现自己面临着利润空间越来越小的危机。据统计，目前我国出口商品中仍以利润率在3%～5%的低端商品为主，人民币每升值1个百分点，意味着相关企业的利润就会缩减1个百分点，而人民币兑美元汇率浮动的加大，也往往对外贸企业造成不利的影响。国际贸易是需要一定时间的过程，不可能在某一时间点就完成全部工作。价格往往是在进出口双方签订合同时就确定的，但如果汇率变动大且方向对我国企业不利，就很可能导致其在最后完成合同时，收不到理想的实际收入和利润。

汇率波动影响外贸企业

山东华盛对外贸易有限公司办公室主任王仕保最近一直关注着汇率的变化，他告诉本报记者，今年以来人民币升值导致该公司的生产成本上升，利润减少，这使公司在出口方面遇到了很大困难。“尤其是3个月后交货的订单以及远期单，由于依旧看涨的人民币汇率而面临着更大的压力。”

据其介绍，该公司产品外销的利润在5%～6%，而随着人民币升值，产品利润被一步步压缩，甚至面临“零利润”的风险。“是否能够盈利，关键要看未来人民币汇率的走势。”王仕保坦言，从结算方式上来讲，毕竟目前还是买方市场，公司当初没有考虑过就人民币升值同买方签订任何附加性的交易条款。“附加条款不好谈也不方便提出来，买方也不会轻易接受附加条款。”

资料来源：《经济导报》，2011年8月18日。

四、降低汇率风险带来的不利影响

为了降低汇率风险带来的不利影响，可采取的措施包括：

1. 加强企业管理

人民币的升值和对美元的汇率波动加剧让许多外贸企业受到了影响，而要尽可能规避这些不利影响，就应该从整个企业的管理出发，提高企业经营管理效益。例如，要根据汇率变化定期调整企业对外的报价，加强应收货款的催收以减少拖欠，慎用远期付款结算等。加强企业管理还有助于减少浪费，提高效率，降低产品的成本水平。另外，人民币升值为一些外贸企业敲响了警钟，要保持长久的竞争优势，不是简单的低成本战略就可以一劳永逸。在如今的世界，中国的廉价劳动力已不如东南亚一些国家更有优势，如果想继续依靠廉价劳动力取胜，终究会自食苦果。中国出口企业和生产企业应提高产品的附加值，注重产品研发和创新，做到“人无我有，人有我优”，就定能争取到更多的外贸订单。

2. 选择结算货币

俗话说,"不要把所有的鸡蛋放在同一个篮子里。"如果企业在业务中能够开拓非美元结算的市场,那么人民币兑美元的汇率变动和波动就不会造成企业全盘的亏损。如果国际贸易和国际结算能够采取人民币来进行,那么汇率风险就不会再对我国企业产生影响。在实践中,有的外贸企业就是由于拥有一些非美元结算及以人民币结算的客户,使其在汇率风险袭来的时候受到的损失较小。

3. 寻找新出路

在风险的冲击下,有的企业不再局限于传统的国际贸易和结算方式,而开始寻找新的出路。例如,有的企业实现了国际贸易的电子商务化,在电子商务模式下,买家下单的当天就可以进行发货,如果通过 EMS 渠道 5~7 个工作日可以寄达,通过 UPS 渠道 3~5 个工作日可以寄达,货物到达后买家最快当天就可以进行付款。而有的企业开始积极寻求海外办厂,不少有实力的外贸出口企业意识到在海外办厂的优越性,纷纷转移阵地,将工厂移到海外。还有的企业利用加工贸易等方式,让进出口业务同时进行,这样进口和出口所遇到的汇率风险就能互相抵消。另外,一些融资方式能让企业较早收回货款,也具有规避汇率风险的作用。

本章小结

1. 国际结算中存在着被欺诈的风险,需要进出口企业予以重视。

2. 无论进口商还是出口商,都可能遭遇各种形式的欺诈。

3. 要规避国际结算风险,可通过选择适当的结算方式、慎重选择合作银行、重视审证审单、分批发货分批收汇、采用综合支付方式、求助国际商会专门机构、使用出口信用保险等手段来进行。

思考与练习

简答题

1. 在国际结算中,进出口商可以采取什么方式规避风险?
2. 汇款结算中,进出口双方会遇到哪些欺诈?
3. 托收结算中,出口方应注意什么问题?
4. 信用证软条款是什么样的条款?
5. 怎样确认贸易中对方的信用状况?

第九章 国际非贸易结算

学习目标

- 掌握国际非贸易结算的概念；
- 了解国际非贸易结算的内容和结算方式；
- 掌握旅行支票和信用卡的概念，了解其使用方法和优点；
- 掌握跨国公司及其内部结算的概念，了解转移价格及其制订方法。

企业期待非贸易类人民币跨境结算

《第一财经日报》昨日了解到，伴随上海跨境贸易人民币结算业务量的增长，企业对非商品贸易类的人民币跨境结算需求也在增加。

"今年以来，上海的跨境贸易人民币结算业务比去年增加更为明显，每个月都有几亿元的业务量。当然，相比外币结算还是九牛一毛。"一位中资银行上海分行国际业务部负责人告诉记者，"虽然上海第二批963家试点企业名单仍在等待中央相关部门最后批复，但上海地方层面已经有了'松动'。"

"从近期情况看，越来越多的客户有商品贸易以外的人民币国际结算业务需求。"上述银行人士说道，"主要集中在服务贸易、经常性转移和资本类境外投资等方面，大家都期待人民币结算范围的进一步扩大，而核心问题则在于银行核实其交易的真实性。"

另一家国有商业银行上海分行国际结算部相关负责人也对本报记者表示，今年以来沪上跨境贸易人民币结算业务"在加速"。"鉴于企业对政策的消化和实践，业务笔数正在不断增加。"他说。

该相关负责人还对记者说："由于企业需求，上海一些银行已经开始进行服务贸易人民币跨境结算业务的尝试，但目前大多是由商品贸易派生出来的服务贸易，比如对外成套工程项目中可能既包括设备贸易，也包括专利项目。

相信在跨境贸易人民币结算试点相对成熟后，监管层会考虑在非商品贸易领域甚至资本项下的人民币跨境结算方面进行尝试。"

资料来源：《第一财经日报》，2010 年 3 月 9 日。

阅读以上材料，结合本章内容思考以下问题：

什么是"商品贸易以外的国际结算业务"？国际非贸易结算的发展与国际贸易结算之间存在怎样的关系？

第一节　国际非贸易结算概述

一、国际非贸易结算

国际非贸易结算是基于国际间无形商品的贸易以及单方面转移支出等经济活动所发生的国际结算。它的实质是以货币结算国际间进出口贸易货款以外的债权和债务。其特点是结算过程中不伴随商品出口这样的货物贸易行为，而主要是以服务这样的无形商品贸易和单方面转移这样的方式得到外汇。

二、国际非贸易结算的内容

国际非贸易结算的内容相当丰富，目前其中最主要的构成部分是由服务贸易（无形贸易）引起的结算，其他还包括金融交易类结算、国际资金单方面转移结算、国际间银行表外业务的结算、其他非贸易结算业务等。

（一）服务贸易结算

服务贸易结算是指由服务贸易引起的国际结算。如保险、运输、旅游、通信等劳务活动的收入与支出，资本借贷或国际资本直接投资与间接投资产生的利息、股息、利润等的收入与支出，以及广告费、专利费、银行手续费等其他劳务收支。

（二）金融交易类结算

金融交易类结算主要是指国际间各种金融资产买卖的结算。如外汇交易，债券、股票等金融工具的交易，期货、期权等金融衍生工具的交易。这类结算伴随着国际金融市场上的各种交易展开，通常依托于全球联网的电子计算机数据系统进行，方便快捷，反应迅速，时效性强，灵敏度高。

（三）国际资金单方面转移结算

在这种情况下，资金是单方面、无偿地从一个国家或地区，转移到另一个国家或地区，主要形式有捐款、援助、捐赠等。由于跨越了国界，这种单方面转移也会涉及国际结算问题。

(四)国际间银行表外业务结算

一些银行表外业务,如信用担保服务等,由于涉及跨国资金流动,产生的结算活动也属于国际结算的范畴。

(五)其他非贸易结算业务

如外币兑换业务、侨汇业务、信用卡及旅行支票业务等带来的结算业务。

三、国际非贸易结算的历史演变

国际非贸易结算最早是伴随着国际贸易结算而产生的。在国际贸易过程中,除了最主要的有形货物的转移、货款的结算之外,还涉及运输、保险、银行手续费等从属费用的结算,这些从属费用就可看作非贸易性质的国际结算。随着经济的发展,国际贸易的范围及业务规模不断扩大,国际贸易过程中的分工进一步加强,出口方不再自己负责货物的装运、保险等,而是委托专业的代理公司进行,使得国际非贸易结算与国际贸易结算分离开来。国际非贸易结算的大规模发展,是在近代国际服务贸易突飞猛进之后。随着国际间服务贸易的发展,国际间资金的汇入、汇出比之前更为频繁,全球化的进程和跨国公司的兴起,也带来了国际间资本频繁的转移。现在,国际非贸易结算已在国际结算中占据着越来越重要的地位,已成为世界经济的一项重要内容。

与国际贸易结算类似,最初的国际非贸易结算也是采取现金结算的方式,后来发展成市场票据,以不附商业单据的光票进行结算。现在,国际非贸易收支主要采取票据清算的非现金结算方式,小量非贸易外汇可以采取携带可自由兑换的货币,到国外兑换成当地货币的方法。国际非贸易结算在两国或多国以双边或多边方式进行。无论使用哪国的货币,支付时一般均折付当地货币,或将资金存入有关货币所属地域的账户。例如,将汇至伦敦的美元存入收款人在美国开立的银行账户。

四、国际非贸易结算的方式

国际非贸易结算的方式,既有与国际贸易结算相同的汇款、托收、信用证方式,也有国际贸易结算中不存在的旅行支票、信用卡、外币兑换等方式。国际非贸易结算内容的丰富多样,决定了结算方式的多样化。

(一)非贸易汇款结算方式

非贸易汇款是国际汇款业务的一部分,是与贸易项下汇款相对而言的,也是债务人或付款人委托银行将款项汇交给境外债权人或收款人的一种委托银行付款结算方式,可以用于资本借贷、清偿债务、划拨资金、无偿赠送和私人汇款等,特别是用于支付进出口业务项下的贸易从属费用、无形资产进口,以及各种非贸易经营性用汇和非经营性用汇资本项目下的汇出汇款业务。

非贸易汇款也有信汇、电汇、票汇三种汇款方式，各种汇款方式下的汇出、汇入与贸易汇款业务的做法基本相同。

（二）非贸易托收结算方式

国际非贸易结算中，由于不涉及有形商品的贸易，也就没有发票、提单、保险单、装箱单等商业单据，因此，国际非贸易结算所使用的托收是光票托收，票据包括外币的汇票、本票、支票、旅行支票等有价凭证，由托收申请人委托托收银行，通过其国外联行或代理行向票据付款人收取票款。

中国民生银行的光票托收业务流程

流程如下：

(1)委托人提交申请书(明确指示我行以“立即贷记”或“收妥贷记”方式办理，对公单位需加盖公章，个人需签字)及票据；

(2)托收行审核票据并寄送至代理行；

(3)代理付款银行付款给托收行；

(4)托收行付款给委托人；

(5)委托人按外汇局的规定核销。

下列票据不予接受：

(1)票据要素不完整；

(2)票据残损不全(不影响票据完整性的除外)；

(3)大小写金额不一致；

(4)签字、金额或日期有涂改、擦抹、改动痕迹的；

(5)过期或未到期、背书不连续的票据；

(6)复印的票据。

注意事项：

(1)票据会因过期、未到期、出票人印鉴不符、背书不符、票据大小写金额不符、账户余额不足等原因遭退票，客户应避免接受此类可能遭退票的票据，如遭退票，客户除了要负担正常的托收手续费外，还须承担15～80美元不等的退票费。

(2)办理光票托收所需时间取决于异地付款行，如未遭退票，美国境内的美元支票可在15～20天内入账，港币支票可在10天内入账，其他票据将在35天左右入账。

(3)客户为个人，托收款项(旅行支票除外)须在我行定存3个月。

资料来源：中国民生银行，http://www.cmbc.com.cn。

（三）非贸易信用证结算方式

非贸易信用证，是相对于贸易项下信用证而言，是银行应开证申请人的请求，向申请人所到之地有代理关系的银行开立的用于结算非贸易款项的光票信用证，主要有外事机构使用的光票信用证和旅游者使用的旅行信用证及环球旅行信用证。

（四）旅行支票结算方式

旅行支票，是由银行或旅行社为使旅行者减少或避免携带现金的麻烦而发行的一种专供旅行者使用的支票。旅行者购买旅行支票后，可以随身携带，用于支付在饭店、商店等的费用和在银行取现。旅行支票与一般银行汇票、支票的不同在于旅行支票不指定付款地点和银行，一般也不受日期限制，能在全世界通用，是国际旅行最常用的支付凭证之一。旅行支票是一种全球范围内被普遍接受的票据，在很多国家和地区都有着如同现金一般的流动性，不仅很多商场和酒店都支持旅行支票的付款，也可以在旅行地兑换为当地的货币使用。

（五）信用卡结算方式

信用卡作为一种结算工具，在国际非贸易结算中具有广泛的应用。通常国际信用卡以美元作为结算货币，可以进行透支消费（先消费后还款）。目前国际上比较常见的信用卡品牌主要有 VISA（威士卡）、MasterCard（万事达卡）等，国内的各大商业银行也均有开办国际信用卡业务，符合一定资信条件的人士可以很方便地在银行柜台办理申请信用卡手续。

目前我国银行发行的可用于国际支付的国际信用卡品种主要有中国工商银行牡丹国际信用卡、中国农业银行金穗贷记卡双币种卡、中国银行长城国际卡、中国银行长城国际卓隽卡、中国建设银行商旅系列双币信用卡、交通银行双币信用卡、招商银行 ANA CARD（全日空卡）、中信银行双币信用卡等。

VISA 卡简介

VISA 是一个信用卡品牌，由位于美国加利福尼亚州圣弗朗西斯科市的 VISA 国际组织负责经营和管理。VISA 卡于 1976 年开始发行，它的前身是由美洲银行所发行的 Bank Americard。经中国央行批准，VISA 于 1993 年在北京设立代表处。VISA 也是全球支付技术公司，通过快速、安全和可靠的数字货币连接着遍布全球 200 多个国家和地区的消费者、企业、金融机构。另据了解，VISA 在全球有超过 18 亿张的 VISA 信用卡、借记卡和预付卡在使用中。

VISA 不向消费者发卡，也不向消费者提供贷款和设定持卡人的卡费及利率。但是只要客户的卡片上有 VISA 标识，就可以在全球范围内享受其服务，特别是国内的客户，持有VISA卡在国外刷卡消费都比较方便。

产品与服务范围：

● 信用卡。可提供个性化积分回报、紧急替代卡、旅行协助和租车保险、全球紧急服务呼叫中心等增值服务。

● 预付费卡。可提供种类繁多的预付费卡产品。

● 商业支付解决方案。可为企业及政府机构提供一整套商业支付解决方案，其商业支付平台包括VISA商务信用卡、VISA商务借记卡等。

创新：

● VISA积极支持EMV芯片技术的使用和推广。

● 电子商务消费者选择使用VISA贷记信用、借记或预付费产品来进行网上交易。

● VISA全球电子转账及个人支付业务汇款时，只需提供收款人姓名和16位VISA卡号，汇款可在两天内到达，无需支付任何额外的电报费和中转银行手续费。

● 移动支付和数字钱包，手机支付。

资料来源：《北京商报》，2011年8月9日。

第二节　旅行支票

一、旅行支票的概念

旅行支票（如图9—1所示）是指境内商业银行代售的由境外银行或专门金融机构印制、以发行机构作为最终付款人、以可自由兑换货币作为计价结算货币、有固定面额的票据。由于旅行支票的最终付款人就是其发行机构（出票人），所以旅行支票又具有本票的性质。

旅行支票是一种固定面额的票据。以美元支票为例，有20美元、50美元、100美元、500美元、1 000美元几种不同的面额。旅行支票全球通用，可随时在国外的各大银行、酒店、餐厅及其他消费场所作为票面显示金额的现金使用，也可以兑换成现金使用，具有高度的流动性。

目前，全球通行的旅行支票有美国运通（American Express）、VISA、通济隆、MasterCard、花旗等品牌，而印有“中国银行”字样的旅行支票能够在世界各地800余家旅行支票代兑行兑换，或在各国的大商场和宾馆饭店直接使用。其中，美国运通旅行支票在中国内地2 000多个银行营业网点可以买到，合作银行

图 9—1 旅行支票

包括中国工商银行、中国银行、中国建设银行、光大银行、中信银行、交通银行等。

二、旅行支票的优点

使用旅行支票进行国际支付具有如下优点：

(1)多币种、多面额，方便支付。旅行支票通常都有多种面值，又具有多个币种可供选择，既方便支付，又可避免在使用中兑换货币而产生汇率损失。

(2)流动性强，广泛接受。旅行支票很像现金，流动性很强，在世界范围内被广泛接受。凭借旅行支票，可以在世界各大银行、兑换网点兑换现金；可在酒店、餐厅、学校及其他消费场所直接付账，而无需支付任何费用；在美国可以完全等同现金使用，甚至可以用来买一份报纸。旅行支票也不会像信用卡支付那样受到通信状况的影响。

(3)收费较低廉。旅行支票的购买和使用，手续费低廉，有些国家甚至可以免费申请旅行支票。

(4)不会失效,不怕丢失。旅行支票永久有效,一次购买后未使用完,还可留待下次出境时使用。如果旅行支票不慎丢失或被盗,可办理挂失、理赔和紧急补偿;遇有意外,还可申请旅行支票发行机构提供的医疗等紧急援助服务。

三、旅行支票的申请与使用

旅行支票的申请比较方便。在我国,境内居民个人可以用外汇存款账户内的资金或外币现钞购买外币旅行支票,也可以用人民币账户内的资金或人民币现钞购买外币旅行支票。居民凭本人有效身份证明、持前往国家或地区有效签证的护照或港澳地区的通行证,就可以在各大银行用外汇现汇账户内的资金购买等值5万美元(含5万美元)以下的旅行支票。如果没有外币,居民可在因私出境换汇的额度内,根据《境内居民个人购汇管理实施细则》等有关规定,办理用人民币购买旅行支票的手续。

购买旅行支票时,应在银行当场于旅行支票上方签上自己的名字,称为"初签"。需要兑换或使用旅行支票时,须出示护照或其他身份证明文件,在银行或店家面前亲自于旅行支票下方签名,称为"复签"。上下签名完全相符的旅行支票才会被接受。

处理剩余旅行支票的小窍门

有人或许会提出这样一个问题:购买了较多的旅行支票,如果没有使用完,该如何处理呢?

其实,对于大部分旅行支票来说,并没有使用期限的限制,任何未使用过的旅行支票,都可以保留到以后旅行、出差时使用。这一点与现金是一样的,不过,旅行支票不可能获得任何的利息收益。

那么,把多余的旅行支票转让给他人是否可行呢?根据旅行支票的使用规定,个人也可以收付他人的旅行支票,但是经过转让的旅行支票只能到银行兑现并存入自己的银行账户,而不能直接用于购物、换汇等支付业务。另外,记者了解到,对于转让后的旅行支票,国内的银行都不支持托收业务。所以,为了防止出现不必要的麻烦,建议谨慎转让自己的旅行支票或是接受别人所转让的旅行支票。

如果不想继续保存旅行支票,也可以在国内的银行办理旅行支票的兑付(托收),一般来说,旅行支票可以兑付为所需要的币种,但可兑换的币种要视各家银行的具体规定而定。在进行旅行支票的兑付时,大部分银行均需要支付兑付的手续费,为兑付金额的0.75%。要想避免这一费用的支出,也有一个小窍门：各家旅行支票的发行公司在我国境内设有一些免费的兑付网点。以美国运通为例，在上海和北京的少数交通银行网点和花旗银行网点，便提供旅行支票的免费兑付服务，其中交通银行的免费兑付业务仅限于美元币种的旅行支票兑付为人民币。如果有多余的旅行支票，又希望避免兑付手续费的支出的话，不妨到这些网点去进行兑付。

资料来源：《理财周刊》，2008 年 5 月 19 日。

第三节 国际信用卡

一、信用卡的概念

信用卡是商业银行向个人和单位发行的，凭以向特约单位购物、消费和向银行存取现金，具有消费信用的特制载体卡片，其形式是一张正面印有发卡银行名称、有效期、号码、持卡人姓名等内容，背面有磁条、签名条的卡片。信用卡是一种小额信贷工具，由银行或信用卡公司依照用户的信用度与财力发给持卡人，持卡人持信用卡消费时无需支付现金，待结账日时再行还款。

信用卡于 1915 年起源于美国。最早发行信用卡的机构并不是银行，而是一些百货商店以及饮食业、娱乐业和汽油行业的公司。美国的一些商店、饮食店为招徕顾客、推销商品、扩大营业额，有选择地在一定范围内发给顾客一种类似金属徽章的信用筹码，后来演变成为用塑料制成的卡片，作为客户购货消费的凭证，开展了凭信用筹码在本商号或公司或汽油站购货的赊销服务业务，顾客可以在这些发行筹码的商店及其分号赊购商品、约期付款。这就是信用卡的雏形。1952 年，美国加利福尼亚州的富兰克林国民银行作为金融机构首先发行了银行信用卡。到了 20 世纪 60 年代，银行信用卡很快受到社会各界的普遍欢迎，并得到迅速发展。今天，信用卡已经成为发达国家中十分流行的支付方式，在很多方面代替了现金和储蓄卡支付。

信用卡相比传统的现金支付有着许多优点，主要表现在：可以透支消费并享有较长时间（通常为 1～2 个月）的免息期；安全、卫生、方便、快捷，免去了携带大额现金的不便，杜绝了假币；可以积累个人信用；支持分期付款等。

二、信用卡的分类

1. 按发卡组织分

可分为威士卡、万事达卡、美国运通卡、JCB 卡、Discover 卡（美洲）、联合信用卡(中国台湾)、大来卡、NETS卡(新加坡)、BC卡(韩国)、中国银联卡(中国内地)、Banknetvn卡(越南)等。

2. 按币种分

可分为单币卡和双币卡。单币卡是只支持一种货币刷卡消费的信用卡,双币卡是同时支持两种货币刷卡消费的信用卡。

3. 按信用等级分

可分为普通卡、金卡、白金卡、无限卡等。银行会根据信用卡申请人的信用状况,给予不同信用等级的信用卡。不同信用等级的信用卡在授信额度、最低还款比例、最迟还款时间等方面都有不同的规定,等级越高,持卡人享受的信贷服务越多,权限也越大。

4. 按是否联名发行分

可分为联名卡、标准卡(非联名卡)、认同卡。联名卡是发卡银行与以营利为目的的机构联手发行的。如"长城—华泰"联名卡,是由中国银行山东分行与青岛华泰企业集团联合发行的,该卡不仅具有中国银行长城人民币信用卡的所有金融服务功能,还增加了华泰企业集团提供的包括洗车、常规车辆检测、救援、保险理赔等项目在内的免费服务,以及优惠申请代办业务、车辆翻新、汽车零配件购买等多项服务。标准卡就是由一家机构(通常为银行)发行的信用卡。认同卡是由发卡银行和非营利性事业机构、宗教团体或慈善机关联合发行的信用卡。

5. 按卡片形状及材质分

可分为标准卡、迷你卡、异型卡、透明卡等多种类型。

6. 按信息储存介质分

可分为磁条卡和芯片卡。

7. 按卡片间的关系分

可分为主卡和附属卡。附属卡与相应的主卡使用同一个信用额度,与主卡是同一份信用记录,附属卡产生的未还清费用由主卡持卡人负责偿还。主卡账户有权利不经附属卡持卡人同意而对附属卡账户进行冻结、销户或降低信用额度等操作。

8. 按持有人的身份分

可分为个人卡、公务卡、公司卡等。

三、国际信用卡的使用

1. 申领

符合一定条件的申请人,到发行国际信用卡的银行柜台填写申请表,并提交一定的证件与证明。银行根据申请资料,考察申请人多方面的状况与经济情况,作出是否发信用卡给申请人的决定。如果符合发卡条件，银行将信用卡邮寄给申请人。申请人通过开卡程序，核对申请时提供的个人信息，成为信用卡的持有人。

2. 支付

使用信用卡进行支付一般通过在POS机上刷卡进行。POS机刷卡是一种联网刷卡的方式。刷卡时，操作员应首先查看信用卡的有效期和持卡人姓名等信息。然后，根据发卡行以及需要支付的货币种类选择相应的POS机，将磁条式信用卡的磁条在POS机上划过，或者将芯片式信用卡插入卡槽，连通银行等支付网关，输入相应的金额。远程支付网关接收并确认信息后，POS机会打印出刷卡支付的收据(至少是两联)，持卡人检查支付收据上的信息无误后应在此收据上签字。操作员核对收据上的签名和信用卡背面的签名后(包括姓名完全相符和笔迹基本相符)，将信用卡及刷卡支付收据的一联给持卡人，至此，POS机上的刷卡程序完成。

随着技术的进步，现在还有RFID机拍卡、网络支付、电视电话支付等方式。

3. 还款

发卡行在每个月末或约定日期向持卡人发出对账单，即付款通知书。持卡人核对对账单上的交易无疑问后，向发卡行支付相应的款项。

信用卡使用的误区

(1)信用卡可以借钱，我的收入很低，因此申请信用卡对我帮助很大。

错。银行信用卡的目标客户是高端收入人群，信用卡的特点更多的是方便，而不是省钱。使用信用卡不仅要缴年费，而且一旦错过还款时间，罚息是很高的。

(2)信用卡有最低还款额度，因此我借了很多钱还不起的时候，只要还最低额度就够了。

错。还最低额度仅仅是银行不起诉你的底限，但是你需要支付一大笔利息，信用卡利息是按天计的，并且是利滚利。要区分清楚分期付款和每月最低还款的区别。分期付款或商业贷款年利息为5%左右，特殊商品还会更低。而只还最低额度，折合年利息则超过18%。

(3)信用卡可以透支取现，所以碰到急事我可以取一些现金出来用，这对我非常方便。

错。信用卡是可以透支取现，不过取现的利息也是按天计的，而且没有免息期，从取现金当天就开始计算利息了，利息也是按天计算的，与错过还款日的罚息一样高。不建议在信用卡里存一点小额资金以备不时之需，因为信用卡里的资金是没有活期利息的。更要命的是，很多银行的信用卡，即使你卡内存有现金，取现还是要收取一笔手续费的。所以不如随身带一张银行储蓄卡，里面留一点小额现金就够了。大额现金消费的场所非常少，通常都是可以用信用卡刷卡消费的，而刷卡是有免息期的。

(4)这个月我也不记得借了多少钱了，大体还了个数字吧，就算没还够也只差很少了，利息也不会很多。

错。如果你在最后还款期没有全额还款，哪怕你只差一分钱，银行也是要追偿所有"免息期"利息的。例如，每个月 5 号是最后还款日，你在上个月 6 号借了 10 000 元，最后还款日你只还了 9 990 元，那么下个最后还款日，你还要支付 10 000 元的一个月利息——大概 150 几元，还有欠的 10 元和一个月的后续利息——大概 1 角 5 分。

(5)用信用卡循环借钱还钱，借新债还旧债，我就可以一直不还钱了。

错。第一，信用卡不能免息取现金，所以你要找到一个可以刷卡消费的场所配合你做假，这个难度很大。第二，你虽然每个月都借到钱了，实际上只有第一个月的钱是真正能用的，也就是银行给你的最大额度。第三，你最终还是要还钱的，这么做实际上只是在节省你第一个月借钱的利息，而这笔利息本来也不多，你每个月都为此忙活，不一定值得。而一旦你某一个月忘了操作或操作失败而导致罚息，其数额就远远超过你节省的这笔利息了。

资料来源：豆丁网，http://www.docin.com。

四、国际信用卡结算的优点

主要优点包括：

(1)便捷。信用卡支付，通常通过核对密码或签字，刷卡即可完成，省去了携带现金、验明钞票真假等麻烦，比现金支付更加便捷。

(2)安全。信用卡一般采取密码或签名的方式来保证安全。使用信用卡时，通过输入预先设定的密码，或留下与预留签名一样的签名才可以动用卡内的授信额度。由于每个人的签名是很难被模仿的，密码也不易被解密，丢失信用卡后还可以通过挂失止付避免损失，比现金更加安全。另外，通过设定最大信用额度等方式，可以进一步降低信用卡被盗可能带来的损失。

(3)符合国际趋势。目前，特别在发达国家，信用卡支付已成为非常普遍的支付方式，信用卡使用面非常广，某些国家的有些服务还必须用信用卡进行支付。因此，使用信用卡结算顺应国际潮流和趋势，会带来很大的方便。

第四节 跨国公司内部结算

一、跨国公司的概念

跨国公司又称多国公司、国际公司、超国家公司等，是指具有全球性经营动机和一体化的经营战略，在多个国家拥有从事生产经营活动的分支机构，并将它们置于统一的全球性经营计划之下的大型企业。

现代跨国公司一般具有以下特征：

(1)跨国公司一般以一个国家实力雄厚的大公司为主体，通过对外直接投资或收购当地企业，在许多国家建有自己的分公司或子公司。主体大公司称为总公司或母公司，其所在的国家称为跨国公司的母国，分公司或子公司所在国家称为东道国。

(2)总公司或母公司对全体分支机构有最高的决策权，跨国公司的各分公司和子公司虽然有自己的决策机构，但其决策必须服从于总公司或母公司的最高决策。

(3)跨国公司实行全球战略，即一切生产经营活动安排的出发点是全球范围内公司整体的利润最大化。在此战略的指导下，跨国公司会根据需要，在全球范围内，利用不同地区的优势、特点组织生产、销售，单独从某个地区来看并不一定盈利最多，但从总体来看一定是能使跨国公司利润最大化的组合。

(4)跨国公司通常有雄厚的资本和实力，掌握着难以模仿的核心竞争力和核心技术，常常在某些地区和产品上拥有一定的垄断性。

跨国公司发展历程简介

跨国公司的雏形最早可以追溯至16世纪末～17世纪初英国的特权贸易公司，如东印度公司，但真正意义上的跨国公司出现在19世纪。由于垄断资本主义的高度发展，资本主义企业开拓国外市场的方式从过去的商品输出向资本输出转变，产生了最早的跨国企业。当时最具代表性的跨国公司有德国的弗里德里克·拜耳化学公司、瑞典的阿弗列·诺贝尔公司以及美国的胜家缝纫机公司。第二次世界大战之后，在新科技革命和世界经济与分工不断深化与发展的背景下，跨国公司得到了迅速发展。目前，全球跨国公司已达8万多家。2009年外国子公司总产值占世界GDP的11.6%(比20年前提高了近5个百分点)，出口额占33%。其国际化经营的广度、国际分工的深度、业务多元化均达到了前所未有的程度。

资料来源：《瞭望》，2010年12月6日。

二、跨国公司内部结算

跨国公司一般有一个全球统一的结算系统，在一个时间段内轧差结算。由于分支众多、分工细化，跨国公司一般都是在其母公司与子公司之间，或子公司与子公司之间进行结算，采取内部贸易、内部结算的方式。跨国公司内部结算，根据其结算内容，也有贸易性的和非贸易性的之分。其中，跨国公司内部购销商品带来的结算属于国际贸易结算，而伴随着跨国公司内部提供或接受劳务、转让或接受无形资产等内容的结算则属于国际非贸易结算。

跨国公司内部结算依照转移价格来进行。转移价格是指跨国公司从其全球经营战略目标出发，在财务独立核算的公司内部各单位（总公司、子公司、股份化公司等）之间购销商品、提供或接受劳务、转让或接受无形资产时，按公司整体财务利益最大化需要而确定的内部交易价格。它是跨国公司内部贸易发展的产物，是跨国公司实现全球最大化利润的手段之一。跨国公司可以通过转移价格的制定，达到避税、调节账面利润、调节资金，以避免汇率风险、占领新市场和最终获取最大利润。

不同的跨国公司采取不同的转移价格制定方法，归纳起来主要有市价法、成本法和协商价格法等。市价法又称市价基础定价法，以已有的市场价格为基础，减去一个固定比率的折让后，作为跨国公司内部转移价格。成本法又称成本基础定价法，以供应公司的实际成本、标准成本或预算成本为基础，再加上一个固定比率的毛利来确定转移价格。协商价格法是指在跨国公司的内部贸易中，供应方和采购方以正常的市场价格为基础，通过定期或不定期的谈判和协商来确定转移价格。

跨国公司选择转移定价方法的不同偏好

目前，国际上还没有对跨国公司转移定价方法的统一标准。跨国企业选用的方法主要包括市价法、成本法和协商价格法三种。在理论上，转移定价的方法有很多种，但在实证研究文献中一般只对市价法、成本法和协商价格法进行研究，其他方法诸如边际成本法、机会成本法或者根据数学模型计算出来的方法，均由于难以操作而在实践中并不适用。根据瑞·坦格（R. Tang）1998 年对 232 家美国公司、91 家英国公司、240 家加拿大公司、87 家中国公司和 119 家日本公司进行的调查结果统计分析显示，不同地区对转移定价方法有着不同的偏好。关于定价标准的选择见下表。

单位：%

	美国	英国	日本	加拿大	中国
成本定价法	50.4	47.3	46.2	45	45.2
市场定价法	21.6	22	17.7	25.8	36.7
其他方法	18.1	23	19.2	18.8	17.1
未使用转移定价方法	9.9	7.7	16.8	10.4	1.0

资料来源：何建国、赵澄：《我国跨国公司转移定价问题研究》,《财会通讯》2011年第6期(中),第46～47页。

三、跨国公司内部结算的影响

具体影响包括：

(1)降低成本,争取利润最大化。通常跨国公司使用内部结算,比从外部购买商品、劳务等的成本要低。首先,跨国公司可以制定较低的转移价格;其次,跨国公司在制定内部转移价格时可以考虑采用固定的利率;再次,由于内部购买和内部结算都处于跨国公司内部,受跨国公司统一的决策引导,因而比求诸外部市场减少了大量的搜寻成本和转换成本。跨国公司通过内部结算,有效地降低了生产成本,有利于其利润最大化目标的实现。

(2)合理分工,提高效率。内部结算的前提是内部交易。由于跨国公司拥有众多的诸如资本、技术、竞争力方面的优势,因而在全球范围内组织生产时,可以充分利用世界各个地区的比较优势。通过各个子公司之间、子公司与母公司之间基于比较优势的分工,跨国公司不仅使各部分的生产专业性更高,而且保证了较高的生产率,使得普通公司难以与之竞争。

(3)加强内部管理,有利于全球战略的实现。跨国公司可以通过内部转移定价衡量出各个子公司的成本和产出,明确它们各自的经济责任,对它们的经营业绩给出客观合理的评价。跨国公司还可以利用转移价格来对子公司进行激励,调动各子公司的积极性,搜集经济信息和情报,制订全球发展战略。

(4)使跨国公司发展壮大,母国或东道国产生税收损失。跨国公司内部结算的一个重要功能是避税。由于内部转移价格的隐蔽性,跨国公司可以利用操纵内部转移价格,达到少缴税款的目的。以跨国公司数量最多的美国为例,自20世纪80年代以来,美国一直是跨国公司利用转移定价进行避税的主要受损国。据美国1986年的一项统计,在3.7万个外国公司设在美国的子公司中,纳税申报有利润的还不到50%，一半以上的企业账面上都是亏损的，这使美国的所得税税基受到严重侵蚀。随着跨国公司大量进入我国，通过转移定价偷逃税款的问题在我国也日益凸显。

滥用转移定价使政府税收损失严重

十多年来，西门·帕克和曾多纳维斯一直致力于研究跨国公司的转移定价问题，并在美国财政部的支持下成立了一个专门的研究小组。在今年公布的报告中，他们再次向人们披露了跨国公司关联企业交易令人难以置信的内幕：一是购进价格高得惊人。比如从日本进口的小镊子，每只4 896美元；从澳大利亚进口的除草机刀片，每片2 326美元；从巴基斯坦进口的棉线毛巾，每条153美元；从捷克进口的塑料桶，每只973美元。二是销售价格低得可笑。比如出口到中东的防空导弹，一枚52美元；卖到法国的ATM自动取款机，每台97美元；卖到德国的医用体温计，每只6美分；卖往英国的汽车子午线轮胎，每只11.74美元。这种远远背离正常市场交易价格的内部转移定价，正是跨国公司用来避税的主要手段之一。通过高价购买外国关联公司的产品，并把本地企业的产品廉价售卖给外国关联公司，人为操纵转移价格，跨国公司达到了转移利润、提高成本、降低盈利、减少纳税的目的。

报告指出，2001年，由于跨国公司滥用转移定价，使美国政府损失了530亿美元的税收。而前几年美国政府因此损失的税收估计为：1998年357亿美元，1999年427亿美元，2000年损失增加到450亿美元。报告还指出，2001年美国损失的530亿美元税收主要流向了跨国企业集团关联公司分布密集的几个发达国家：日本约122亿美元，加拿大约50亿美元，德国约46亿美元。

资料来源：《跨国公司滥用转移定价　美国政府税收损失严重》，《中国税务报》，2002年。

本章小结

1. 国际非贸易结算是基于国际间无形商品的贸易以及单方面转移支出等经济活动而发生的国际结算。

2. 国际非贸易结算内容相当丰富，目前其中最主要的构成部分是由服务贸易（无形贸易）引起的结算，其他还包括金融交易类结算、国际资金单方面转移结算、国际间银行表外业务结算、其他非贸易结算业务等。

3. 国际非贸易结算的方式，既有与国际贸易结算相同的汇款、托收、信用证方式，也有国际贸易结算中不存在的旅行支票、信用卡、外币兑换等方式。

4. 旅行支票是指境内商业银行代售的由境外银行或专门金融机构印制、以发行机构作为最终付款人、以可自由兑换货币作为计价结算货币、有固定面额的票据。

5. 信用卡是商业银行向个人和单位发行的,凭以向特约单位购物、消费和向银行存取现金,具有消费信用的特制载体卡片。

6 跨国公司又称多国公司、国际公司、超国家公司等,是指具有全球性经营动机和一体化的经营战略,在多个国家拥有从事生产经营活动的分支机构,并将它们置于统一的全球性经营计划之下的大型企业。跨国公司一般都是在其母公司与子公司之间,或子公司与子公司之间进行结算,采取内部贸易、内部结算的方式。

7. 跨国公司内部结算依照转移价格来进行。不同的跨国公司采取不同的转移价格制定方法。

思考与练习

一、名词解释

国际非贸易结算　旅行支票　信用卡　跨国公司　转移价格

二、简答题

1. 国际非贸易结算包括哪些内容?
2. 旅行支票支付具有哪些优点?
3. 信用卡支付具有哪些优点?
4. 跨国公司转移价格有哪几种制定方法?

参考文献

[1]《国际结算》,高洁、罗立彬主编,中国人民大学出版社,2008年6月。

[2]《国际结算》,姚莉、王学龙主编,中国金融出版社,2002年2月。

[3]《国际结算》(第四版),张东祥、高小红主编,武汉大学出版社,2011年3月。

[4]《国际结算与贸易融资》,姚新超编著,北京大学出版社,2010年6月。

[5]《国际结算》(第二版),应诚敏、刁德霖编著,高等教育出版社,2005年7月。

[6]《国际结算》(第五版),苏宗祥、徐捷著,中国金融出版社,2010年11月。

[7]《国际结算》,王学惠、王可畏主编,清华大学出版社,2009年11月。

[8]《国际结算与贸易融资案例分析》,原擒龙主编,中国金融出版社,2010年1月。

[9]《国际结算习题与案例》,赵明霄主编,中国金融出版社,2010年8月。

[10]《国际贸易结算单证案例与分析》,林泽拯、林毅编著,中国对外经济贸易出版社,1998年9月。

[11]《国际备用证惯例(ISP98)》,国际商会中国国家委员会编译,中国民主法制出版社,2004年1月。

[12]《国际结算与融资》,梁琦著,南京大学出版社,2000年12月。

[13]《信用证6小时教程》(修订版),黄海涛著,中国海关出版社,2009年4月。

[14]《彻底搞懂贸易术语》,陈岩编著,中国海关出版社,2010年2月。

[15]《彻底搞懂信用证》,王腾、曹红波著,中国海关出版社,2009年7月。

[16]《国际商会见索即付保函统一规则(URDG458)》,国际商会中国国家委员会译,中国民主法制出版社,2004年5月。

[17]《国际商会托收统一规则(URC522)》,国际商会中国国家委员会译,中国民主法制出版社,2003年11月。

[18]《ICC跟单信用证统一惯例及UCP500关于电子交单的附则(eUCP)》,国际商会中国国家委员会译,中国民主法制出版社,2003年11月。